Hermann-Michael Hahn

Welches Sternbild ist das?

KOSMOS

WAS SIE WISSEN SOLLTEN

Die Orientierung am nächtlichen Sternhimmel, das Auffinden und Erkennen einzelner Sternbilder, erweist sich vor allem für Gelegenheitsbeobachter mitunter als schwierig, zumal sich der Anblick des Himmels ja im Laufe einer Nacht und im Wechsel der Jahreszeiten stetig verändert. Doch die Mühe lohnt sich, denn wer sich am Himmel auskennt, kann nicht nur die einzelnen Sternbilder auseinanderhalten, sondern auch Ungewohntes sofort erkennen: Einen Planeten, der langsam durch die Ekliptiksternbilder wandert, einen Satelliten, der rasch vorüberzieht, oder auch andere Himmelserscheinungen wie etwa Sternschnuppen, ein Polarlicht oder gar eine Mondfinsternis.

Es gibt verschiedene Methoden und Wege, sich die Orientierung am nächtlichen Himmel zu erleichtern. Ein nützlicher Begleiter ist sicher eine drehbare Sternkarte, mit deren Hilfe Sie den Anblick des jeweils sichtbaren Himmelsausschnittes für jede Uhrzeit und jedes Datum einstellen können. Handlicher, und dennoch nicht minder übersichtlich, ist die Darstellungsweise, die in diesem Buch zum Einsatz kommt: Für jeden Monat finden Sie vier Kartenausschnitte, die den Anblick des Himmels in den vier Haupthimmelsrichtungen (Nord, Ost, Süd, West) wiedergeben, und zwar zum Monatsersten jeweils für 22 Uhr Mitteleuropäischer Zeit beziehungsweise zur Monatsmitte um 21 Uhr MEZ. Dabei gilt diese Zeitangabe genau für einen Ort auf 10 Grad östlicher Länge (etwa auf der Linie Hamburg-Ulm) – für jeden Längengrad weiter östlich müssen Sie vier Minuten hinzuzählen, weiter westlich entsprechend abziehen; zur groben Orientierung reicht es aber völlig, die genannte Zeit einzuhalten.

Da die Sterne – bedingt durch die Wanderung der Erde um die Sonne – jeden Tag etwa vier Minuten früher auf- und untergehen, verschiebt sich die „Gültigkeit" der gezeigten Himmelsausschnitte innerhalb von 15 Tagen um eine Stunde nach „vorn", innerhalb eines Monats entsprechend um zwei Stunden. Deshalb finden Sie oben neben den Karten Angaben zur Gültigkeit der Karte in anderen Monaten – der Übersichtlichkeit wegen auf den linken Seiten (den Nord- beziehungsweise Südhimmel-Ausschnitten) jeweils für den Monatsersten, auf den rechten Seiten (den Ost- beziehungsweise Westhimmel-Ausschnitten) jeweils für die Monatsmitte; diese Angaben gelten für alle vier Karten gleichermaßen. Auf der hinteren Klappe des Buches finden Sie zusätzlich eine Tabelle, die Ihnen für jede volle Stunde einer Nacht die passenden Monatsausschnitte angibt; dort ist auch die Korrektur für die Sommerzeit berücksichtigt.

Mit 48 farbigen Himmelssternkarten und 54 farbigen Sternbildkarten von Gerhard Weiland, Köln

Foto S. 2/3 Lagunen-Nebel, Gerald Rhemann, Wien

Umschlaggestaltung von Friedhelm Steinen-Broo, eSTUDIO CALAMAR

Die Deutsche Bibliothek – CIP-Einheitsaufnahme

Welches Sternbild ist das? / Hermann-Michael Hahn. [Mit 48 farb. Himmelssternkarten und 54 farb. Sternbildkarten von Gerhard Weiland]. – Stuttgart : Kosmos, 1999
    Früher u.d.T.: Schütte, Karl: Welches Sternbild ist das?
    ISBN 3-440-07723-3

Völlig neu bearbeitete Auflage des Titels: K. Schütte: „Welches Sternbild ist das?"

© 1999, Franckh-Kosmos Verlags-GmbH & Co., Stuttgart
Alle Rechte vorbehalten
ISBN 3-440-07723-3
Lektorat: Marion Schulz, Sven Melchert
Herstellung: Lilo Pabel
Layout: Atelier Reichert, Stuttgart
Printed in Italy/Imprimé en Italie
Satz: Typomedia Satztechnik GmbH, Ostfildern
Druck: Printer Trento S.r.l., Trento

INHALT

Was Sie wissen sollten 4
Monatssternkarten Januar . . 6
Monatssternkarten Februar . 10
Monatssternkarten März . . . 14
Monatssternkarten April . . . 18
Monatssternkarten Mai 22
Monatssternkarten Juni . . . 26
Monatssternkarten Juli 30
Monatssternkarten August . 34
Monatssternkarten September 38
Monatssternkarten Oktober 42
Monatssternkarten November 46
Monatssternkarten Dezember 50
Adler, Andromeda 54
Becher, Delphin, Drache . . . 56
Dreieck, Eidechse, Einhorn . 58
Eridanus, Fische 60
Füchschen, Fuhrmann, Füllen, Giraffe 62
Großer Bär, Großer Hund . 64
Haar der Berenike, Hase, Herkules 66
Jagdhunde, Jungfrau 68
Kassiopeia, Kepheus 70
Kleiner Bär, Kleiner Hund, Kleiner Löwe 72
Krebs, Leier, Löwe 74
Luchs, Nördliche Krone, Orion 76
Pegasus, Perseus 78
Pfeil, Rabe, Rinderhirte, Schild 80
Schlange, Schlangenträger . 82
Schütze, Schwan 84
Sextant, Skorpion, Steinbock 86
Stier, Südlicher Fisch, Waage 88
Walfisch, Wassermann 90
Wasserschlange 92
Widder, Zwillinge 94
Glossar 96

Die Kartenausschnitte des ersten Teils sind so gewählt, daß sie jeweils etwas mehr als ein Viertel des sichtbaren Himmels zeigen: sie überlappen sich an den Rändern und im Bereich des Zenits, der sich genau über dem Betrachter befindet. Der Zenitpunkt ist in den Sternkarten durch ein kleines weißes Kreuz markiert. Leider ist eine solche Darstellung („Projektion") der gewölbten Himmelssphäre auf flachem Papier nicht ohne eine gewisse Verzerrung möglich, die vor allem in den überlappenden Randbereichen deutlich wird. Das gilt auch für den zenitnahen Bereich, in dem die Sternbilder größer erscheinen als näher zum Horizont. Deshalb steht zum Beispiel der Polarstern – und damit der Himmelsnordpol – auf den Nordkarten auf den ersten Blick ungewöhnlich niedrig. Umgekehrt kann man sagen, daß diese unvermeidliche Verzerrung des Kartenbildes gleichsam die Anstrengung „berücksichtigt", die mit einer Beobachtung eines zenitnahen Objektes verbunden ist: Je höher ein Sternbild am Himmel steht, desto weiter müssen Sie den Kopf in den Nacken legen, um es „frontal" zu sehen.

Im zweiten Teil des Buches werden die von Mitteleuropa aus sichtbaren Sternbilder in alphabetischer Reihenfolge der deutschen Namen einzeln mit Text und Sternkarte vorgestellt; dabei sind die Karten der einzelnen Sternbilder im gleichen Maßstab gezeichnet. Für jedes Sternbild finden Sie Angaben zur Sichtbarkeit, zu den Nachbarsternbildern und zur Größe; außerdem sind jeweils der hellste Stern, ein bekannter Doppelstern oder Veränderlicher und der hellste „Nebel" (Sternhaufen, Gasnebel oder Galaxie) mit wissenswerten Daten aufgelistet, wird auf Besonderheiten in diesem Sternbild hingewiesen.

Die Karten enthalten alle Sterne bis zur 4,7ten Größenklasse, teilweise auch schwächer. Das System der Größenklassen wird zur Bezeichnung unterschiedlicher Sternhelligkeiten benutzt: Ein Stern 1. Größe (= 1^m) gehört zu den hellsten Sternen, ein Stern 6. Größe kann in einer mondscheinlosen Nacht fernab störender Großstadtlichter gerade noch mit bloßem Auge erkannt werden.

Außerdem finden Sie auf den Karten alle „Nebel" bis zur 7,5ten Größenklasse, die Sie mit einem lichtstarken Fernglas mühelos finden können sollten. Dabei bedeuten:

- ✸ offene Sternhaufen
- ⊕ kugelförmige Sternhaufen
- ⊖ Gasnebel
- ▪ Galaxien

JANUAR

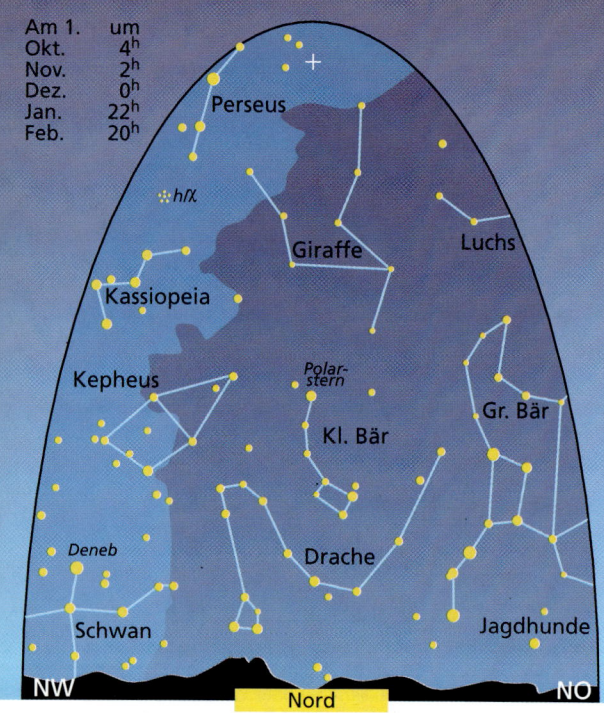

⭐ **Hoch am Himmel** finden Sie oberhalb des Polarsterns nur die lichtschwachen Sterne der *Giraffe*.

⭐ **Halbhoch** im NW sinkt das Himmels-W *Kassiopeia* langsam herab; ihr voran zieht *Kepheus*, ihr Gemahl. Auf gleicher Höhe rechts davon hängt der *Kleine Bär/Kleine Wagen* gleichsam vom Polarstern zum Horizont herab. Im NO schließlich steigt der *Große Bär* empor; seine sieben hellsten Sterne formen den *Großen Wagen*, das wohl bekannteste „Sternbild" der Nordhalbkugel.

⭐ **Horizontnah** verabschiedet sich der *Schwan* mit Deneb im NW. Rechts davon können Sie den Kopf des *Drachen* als kleines Sternviereck erkennen; der langgezogene Drachenkörper windet sich als Kette lichtschwacher Sterne von dort zunächst nach Norden und schlängelt sich dann nach Osten um den *Kleinen Bären* herum.

⭐ **Die Milchstraße** ragt im NW auf.

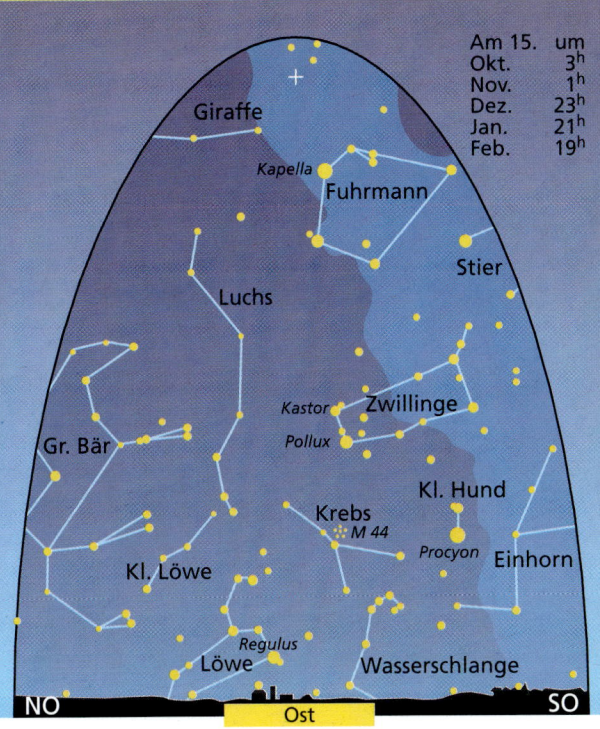

Am 15.	um
Okt.	3^h
Nov.	1^h
Dez.	23^h
Jan.	21^h
Feb.	19^h

⭐ **Hoch am Himmel** leuchtet die helle Kapella, der Hauptstern im *Fuhrmann*, dessen fünfeckigen Umriß Sie leicht erkennen können.

⭐ **Halbhoch** erscheinen die *Zwillinge* als doppelte Sternenkette mit Kastor und Pollux am linken Ende. Darunter lenkt Procyon im *Kleinen Hund* die Blicke auf sich, während der *Krebs* wenig auffällig ist. Zwischen ihm und dem *Großen Bären* im NO erstreckt sich der *Luchs* mit seinen lichtschwachen Sternen.

⭐ **Horizontnah** kündet der aufgehende *Löwe* mit Regulus, dem „kleinen König", bereits das nahe Frühjahr an; die Silhouette des Löwenkopfes erscheint wie eine Sichel. Weiter rechts ragen Hals und Kopf der *Wasserschlange* über den Horizont.

⭐ **Die Milchstraße** verläuft vom Zenit, dem Scheitelpunkt des Himmels, bis herunter zum SO-Horizont.

JANUAR

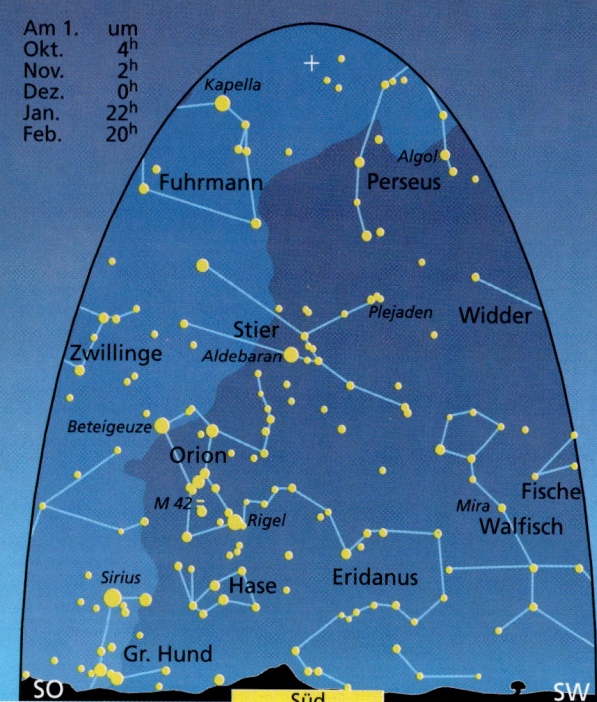

Am 1.	um
Okt.	4^h
Nov.	2^h
Dez.	0^h
Jan.	22^h
Feb.	20^h

⭐ **Hoch am Himmel** finden Sie nahe dem Zenit den *Fuhrmann* mit der hellen Kapella und rechts davon die Ausläufer des *Perseus*. Kapella bildet den nördlichsten Eckpunkt des großen Wintersechsecks. Die übrigen Ecken werden von Aldebaran im *Stier*, Rigel im *Orion*, Sirius im *Großen Hund*, Procyon im *Kleinen Hund* und Pollux in den *Zwillingen* markiert.

⭐ **Halbhoch** leuchtet nahe der Nord-Süd-Linie der rötliche Aldebaran, umgeben von der V-förmigen Sterngruppe der Hyaden. Rechts oberhalb erkennen Sie die Plejaden, links unterhalb den Himmelsjäger *Orion* mit seinen drei markanten Gürtelsternen. Nach rechts schließen sich der Fluß *Eridanus* und der *Walfisch* an.

⭐ **Horizontnah** kauert unterhalb vom *Orion* der *Hase*, der sich vor dem nachfolgenden *Großen Hund* versteckt.

⭐ **Die Milchstraße** ragt im SO steil empor.

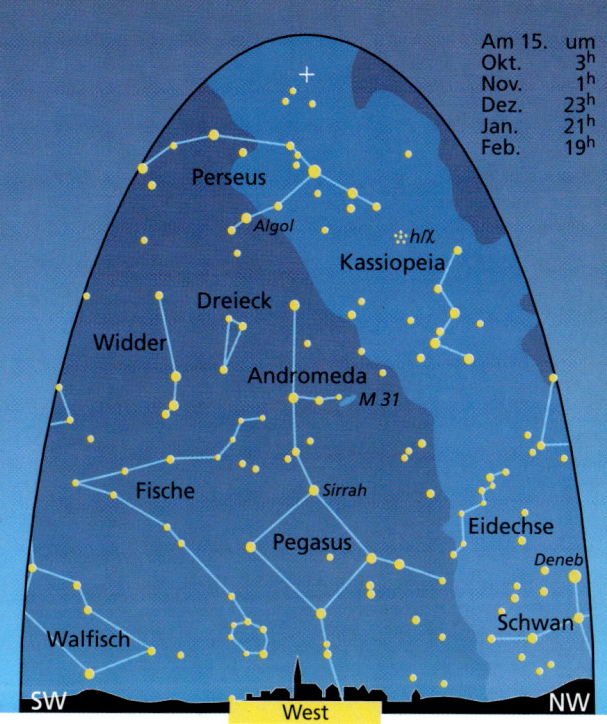

⭐ **Hoch am Himmel** treffen Sie auf die Sterne des *Perseus*, der nach einer griechischen Sage die *Andromeda* vor dem wütenden Meeresungeheuer in Gestalt des *Walfisches* gerettet hat. Nahe der Grenze zur benachbarten *Kassiopeia* schimmert der doppelte Sternhaufen h und chi im *Perseus*.

⭐ **Halbhoch** reihen sich von links nach rechts der *Widder*, das *Dreieck*, die *Andromeda* und ihre Mutter *Kassiopeia* auf. Fernab der störenden Großstadtlichter erkennen Sie vielleicht auch den verwaschenen Lichtfleck des Andromeda-Nebels M 31.

⭐ **Horizontnah** neigen sich *Walfisch*, *Fische* und das geflügelte Roß *Pegasus* samt *Schwan* und *Eidechse* dem Untergang zu.

⭐ **Die Milchstraße** verläuft vom *Perseus* durch die *Kassiopeia* und den *Schwan* zum NW-Horizont.

FEBRUAR

Am 1.	um
Nov.	4^h
Dez.	2^h
Jan.	0^h
Feb.	22^h
Mär.	20^h

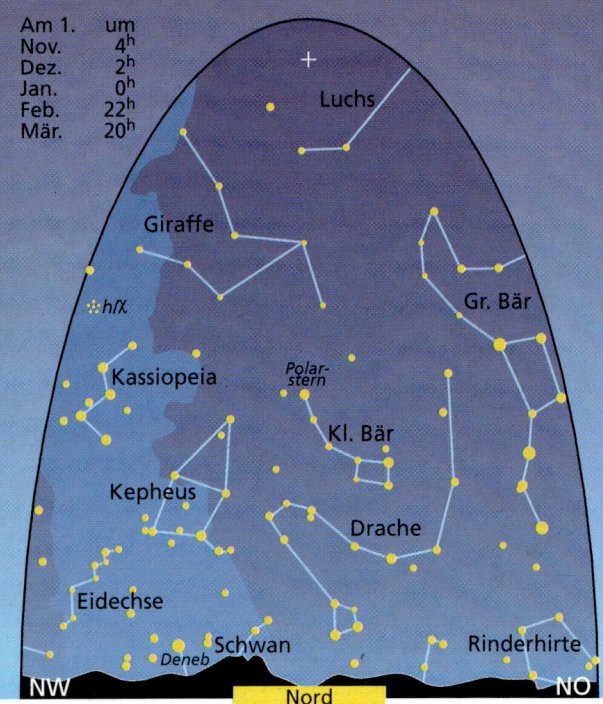

⭐ **Hoch am Himmel** stehen *Luchs* und *Giraffe*, die keine hellen Sterne enthalten.

⭐ **Halbhoch** finden Sie im NW das von den Sternen der *Kassiopeia* geformte Himmels-W und im NO die Sterne des *Großen Wagens*, die Teil des Sternbilds *Großer Bär* sind. Beide auffälligen Figuren können als Wegweiser zum Polarstern genutzt werden, der etwa auf halber Strecke zwischen ihnen liegt. Der Polarstern ist zugleich der hellste Stern im Sternbild *Kleiner Bär*.

⭐ **Horizontnah** passiert der Kopf des *Drachen* gerade seine Tiefststellung. Der *Drache* gehört bei uns zu den Zirkumpolarsternbildern, die niemals untergehen. Ihm folgen im NW *Schwan*, *Kepheus* und *Eidechse*, während der *Rinderhirte* im NO schon wieder emporsteigt.

⭐ **Die Milchstraße** bietet für Fernglas-Beobachter im NW noch einige Sternhaufen und Nebel.

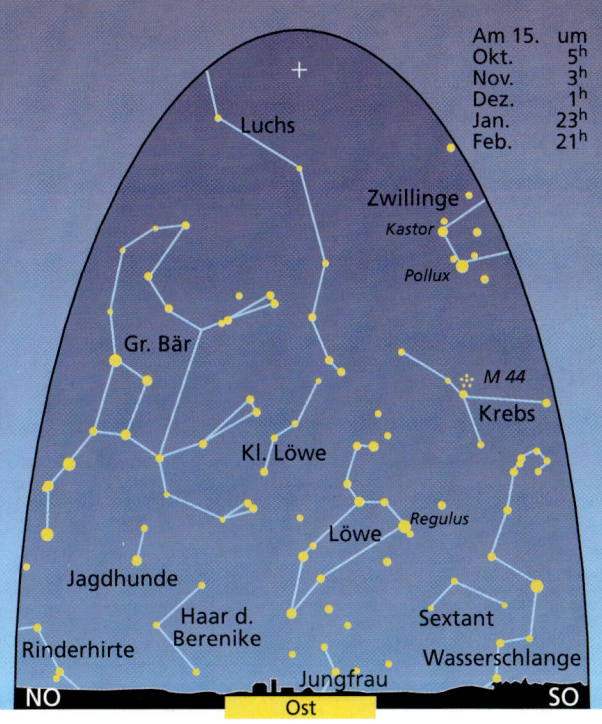

⭐ **Hoch am Himmel** füllt der *Luchs* eine an hellen Sternen arme Region; um dieses Sternbild zu erkennen, brauchen Sie Luchsaugen.

⭐ **Halbhoch** leuchten die Sterne des *Großen Wagens*, die den auffälligeren Teil des *Großen Bären* bilden. Die aufrecht sitzende Gestalt des Bären können Sie jetzt im NO gut erkennen. Zu seinen Füßen steigen der *Kleine Löwe* und der (große) *Löwe* empor; sie folgen dem *Krebs*, der schon nach SO vorangeeilt ist.

⭐ **Horizontnah** finden Sie den nördlichen Bereich des *Rinderhirten*, der die *Jagdhunde* vor sich hertreibt. Die geschwungene Deichsel des *Großen Wagens* zeigt Ihnen den Punkt, wo bald auch Arktur aufgehen wird. Weiter nach rechts schimmert das *Haar der Berenike*, und unter dem *Krebs* ragt der lange Hals der *Wasserschlange* immer weiter über den Horizont empor.

FEBRUAR

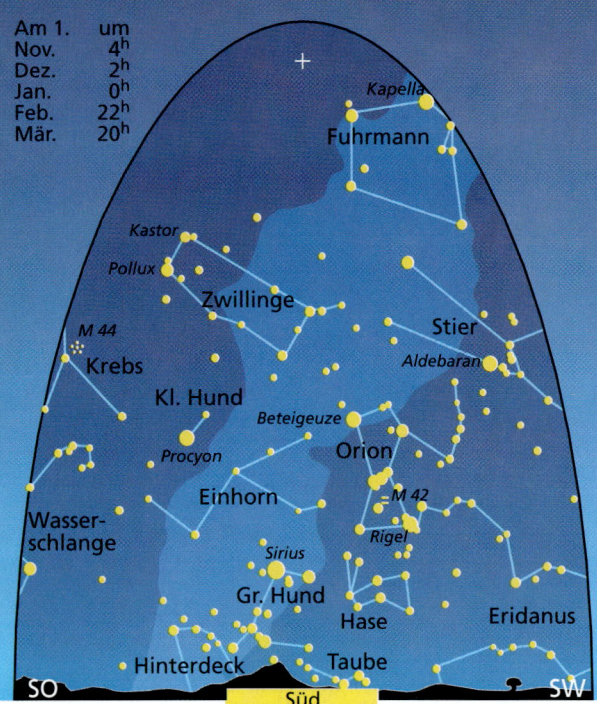

Am 1. um
Nov. 4ʰ
Dez. 2ʰ
Jan. 0ʰ
Feb. 22ʰ
Mär. 20ʰ

⭐ **Hoch am Himmel** hat der *Fuhrmann* mit der hellen Kapella die Nord-Süd-Linie inzwischen überschritten. Darunter streben die *Zwillinge* ihrer Höchststellung entgegen, während der *Stier* mit dem rötlichen Aldebaran schon wieder mit dem Abstieg begonnen hat.

⭐ **Halbhoch** lenkt der Himmelsjäger *Orion* mit fünf Sternen der nullten und ersten Größenklasse die Blicke auf sich. Am hellsten strahlt Rigel, der rechte Fußstern, etwas blasser erscheint Beteigeuze, der linke Schulterstern. Nach links schließen sich das *Einhorn* und der *Kleine Hund* mit Procyon an.

⭐ **Horizontnah** funkelt Sirius im *Großen Hund*, der dem *Hasen* und der *Taube* nachzustellen scheint. Daneben ragen Teile vom *Hinterdeck des Schiffes*, einem Sternbild am Südhimmel, über den Horizont.

⭐ **Die Milchstraße** ist in dieser Region wenig auffällig.

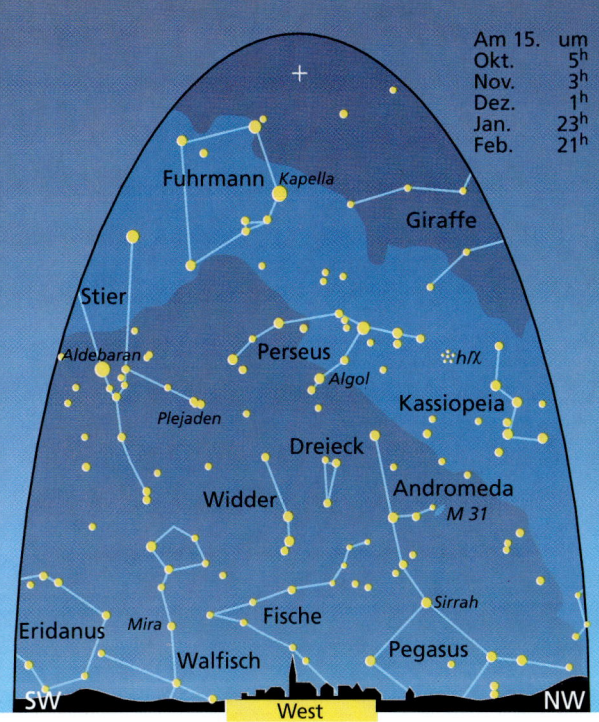

⭐ **Hoch am Himmel** trifft Ihr Blick auf die helle Kapella, den Hauptstern im *Fuhrmann*. Rechts davon beginnt die an hellen Sternen arme Figur der *Giraffe*.

⭐ **Halbhoch** bilden der *Stier*, der *Perseus* und die *Kassiopeia* einen breiten Riegel mit vergleichsweise hellen Sternen, der sich in Gestalt der *Andromeda* Richtung Horizont fortsetzt. Dagegen sind *Widder* und *Dreieck* genau unterhalb des *Perseus* eher unscheinbar.

⭐ **Horizontnah** konzentriert sich im SW das „Feuchtbiotop" des Himmels, das jetzt noch den Fluß *Eridanus*, den *Walfisch* und die *Fische* umschließt (*Wassermann* und *Südlicher Fisch* sind bereits untergegangen). Weiter rechts ist das große *Pegasus*-Viereck schon nicht mehr vollständig zu sehen.

⭐ **Die Milchstraße** verläuft von links oben nach rechts unten durch diesen Himmelsausschnitt.

MÄRZ

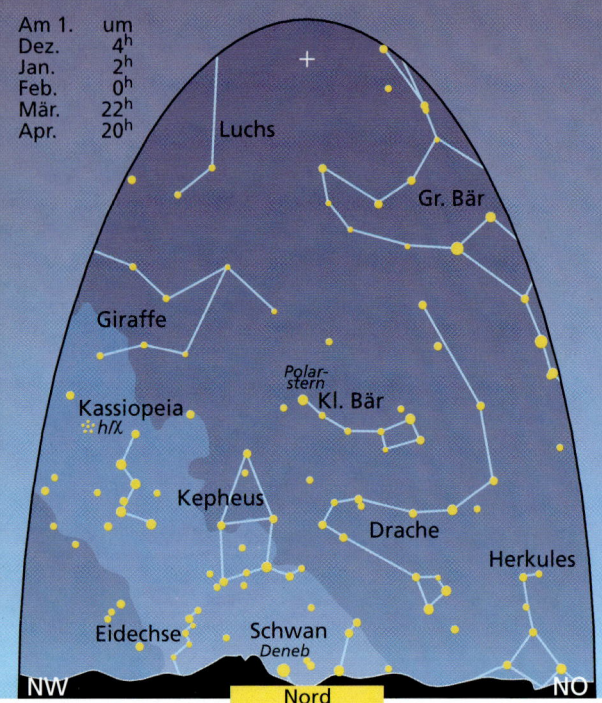

Am 1.	um
Dez.	4ʰ
Jan.	2ʰ
Feb.	0ʰ
Mär.	22ʰ
Apr.	20ʰ

⭐ **Hoch am Himmel** scheint der *Große Bär/Große Wagen* im NO nach dem *Luchs* im NW zu schnappen. Auch die *Giraffe* streckt ihren langen Hals von NW her in diese Himmelsregion.

⭐ **Halbhoch** strebt der *Kepheus* seiner Tiefststellung (der unteren Kulmination) entgegen; als Zirkumpolarsternbild geht er bei uns nie völlig unter. In seinem Gefolge befindet sich die *Kassiopeia*, die jetzt wie ein ziemlich krakelig geschriebenes „E" erscheint. Rechts vom *Kepheus* lenkt der gewundene Rumpf des *Drachen* Ihren Blick auf den *Kleinen Bären* mit dem Polarstern und den *Großen Bären/Großen Wagen* hoch im NO.

⭐ **Horizontnah** wehren sich *Eidechse* und *Schwan* erfolgreich gegen den vollständigen Untergang, während im NO der *Herkules* bereits wieder den Aufstieg beginnt.

⭐ **Die Milchstraße** bleibt im N und NW wenig auffällig.

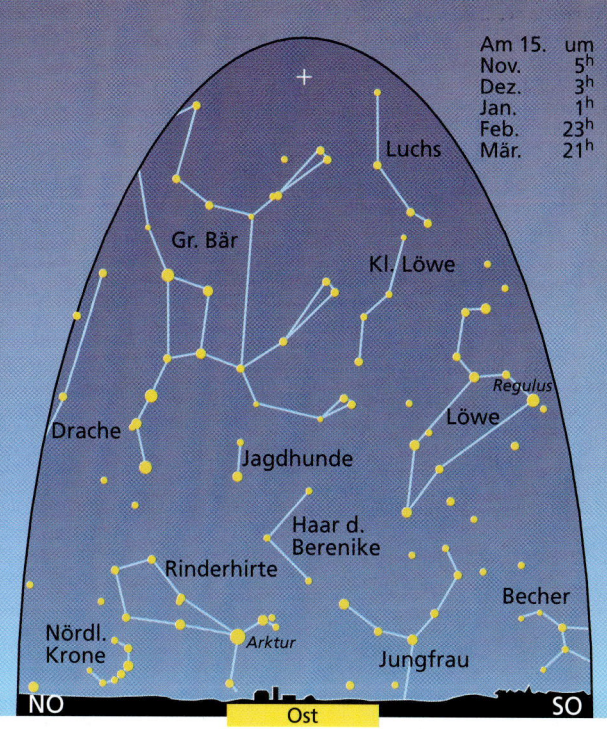

⭐ **Hoch am Himmel** steigt der *Große Bär/Große Wagen* immer weiter empor und mit ihm der *Luchs* und der *Kleine Löwe*.

⭐ **Halbhoch** setzt der *Löwe* im SO allmählich zum Sprung über die Nord-Süd-Linie an. Links daneben können Sie nach dem schimmernden *Haar der Berenike* suchen und nach den *Jagdhunden*, die dem *Großen Bären* folgen; dessen gebogener Schwanz (die Deichsel des *Großen Wagens*) weist nach unten zu Arktur, dem orangerötlichen Hauptstern des *Rinderhirten*.

⭐ **Horizontnah** funkelt Arktur als hellster Stern nördlich des Himmelsäquators. Noch etwas tiefer steigt weiter links der Sternenhalbkreis der *Nördlichen Krone* empor, während im SO das Sternbild *Jungfrau* auftaucht; ihr Hauptstern Spica, der dritte Eckpunkt des „Frühlingsdreiecks", fehlt allerdings noch.

MÄRZ

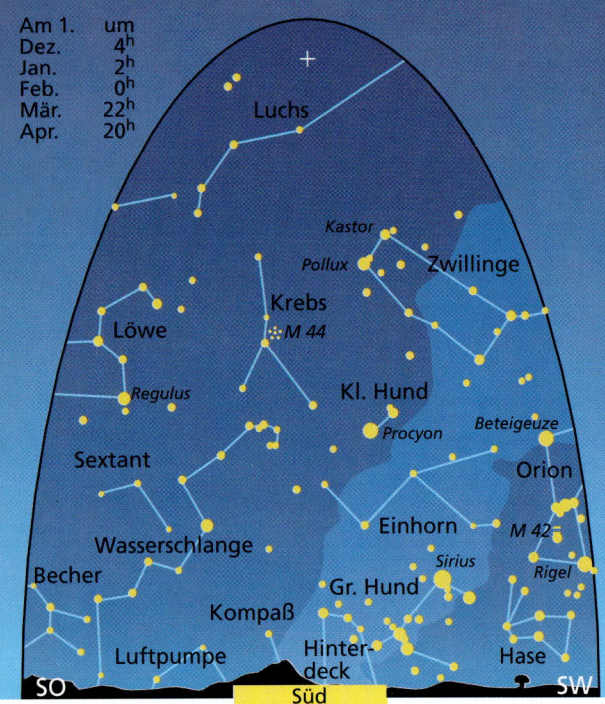

Am 1. um
Dez. 4ʰ
Jan. 2ʰ
Feb. 0ʰ
Mär. 22ʰ
Apr. 20ʰ

⭐ **Hoch am Himmel** verlangt der *Luchs* zur Beobachtung einen dunklen Standort.

⭐ **Halbhoch** spannt sich eine Kette von Tierkreis-Sternbildern über den Südbereich – von den *Zwillingen* im SW über den *Krebs* im S bis zum *Löwen* im SO. Nahe dem Punkt, wo die drei „Äste" vom *Krebs* zusammentreffen, schimmert matt der Sternhaufen der Praesepe (M 44). In einer zweiten Reihe finden Sie das unscheinbare *Einhorn*, den *Kleinen Hund* mit Procyon und den Kopf der *Wasserschlange*.

⭐ **Horizontnah** können Sie den Rumpf der *Wasserschlange* nach SO verfolgen und nach *Sextant* und *Becher* Ausschau halten. Weiter westlich stellt sich der *Große Hund* mit Sirius, dem hellsten Stern am irdischen Firmament, dem scheuen *Hasen* unterhalb des *Orions* nach.

⭐ **Die Milchstraße** steigt vom Südpunkt nach NW auf.

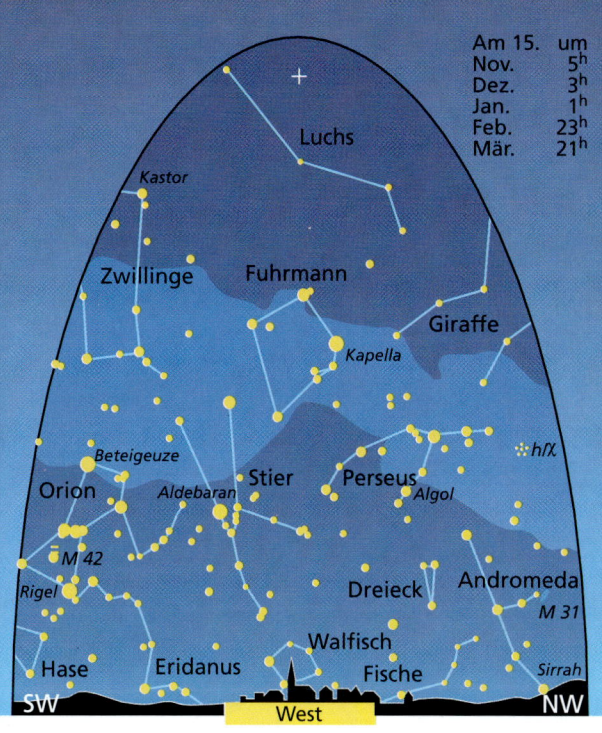

⭐ **Hoch am Himmel** fallen die lichtschwachen Sterne des *Luchses* kaum auf.

⭐ **Halbhoch** beherrscht das markante Fünfeck des *Fuhrmanns* mit der hellen Kapella die Szene. Nach rechts schließt sich die unauffällige *Giraffe* an, links finden Sie die beiden Sternketten der *Zwillinge*. Darunter bereiten sich die ersten Wintersternbilder auf den Abschied von der Himmelsbühne vor: der *Stier* mit Aldebaran im W und der *Orion* mit Rigel und Beteigeuze im SW.

⭐ **Horizontnah** tauchen mit dem Fluß *Eridanus*, dem *Walfisch* und den *Fischen* weitere Herbststernbilder unter den Horizont, und auch den *Widder*, das *Dreieck* und die *Andromeda* werden Sie dort nicht mehr lange finden. Allenfalls der *Perseus* bleibt noch eine Zeitlang am Himmel zu sehen.

⭐ **Die Milchstraße** verläuft quer über den Westhimmel.

APRIL

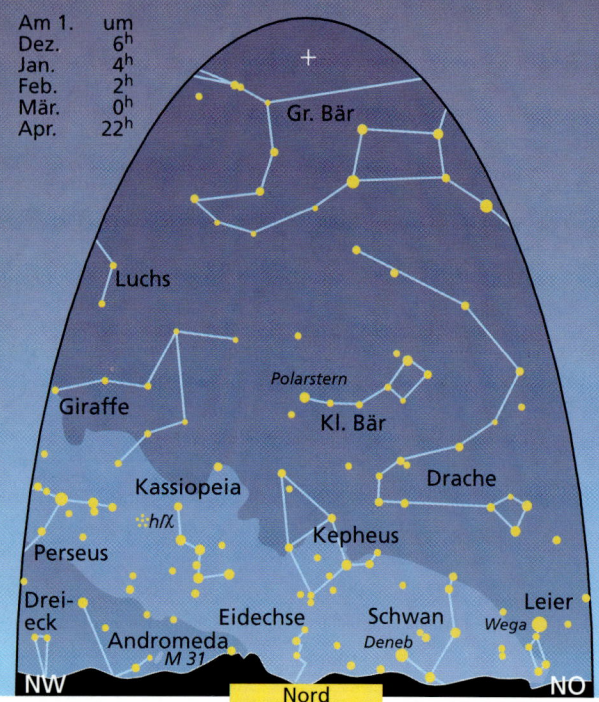

Am 1.	um
Dez.	6ʰ
Jan.	4ʰ
Feb.	2ʰ
Mär.	0ʰ
Apr.	22ʰ

⭐ **Hoch am Himmel** passiert der *Große Bär/Große Wagen* bald seine Höchststellung und füllt dann den Platz zwischen Zenit und Polarstern.

⭐ **Halbhoch** finden Sie im NW die *Giraffe* und im NO den gewundenen Rumpf des *Drachen*. Zwischen beiden leuchtet der Polarstern, von dem aus der *Kleine Bär* sich ziemlich waagerecht nach NO erstreckt.

⭐ **Horizontnah** drängen sich die letzten Herbststernbilder: *Kepheus* und *Eidechse* durchlaufen ihre Tiefststellung im N, die *Kassiopeia* wird immer deutlicher zum Himmels-„W", und die *Andromeda* und das *Dreieck* werden bald vollständig untergegangen sein. Dagegen steigt im NO die *Leier* mit der hellen Wega schon wieder höher, und auch Deneb im *Schwan* hat seinen Tiefstpunkt im N bereits überwunden.

⭐ **Die Milchstraße** verläuft flach über dem Horizont.

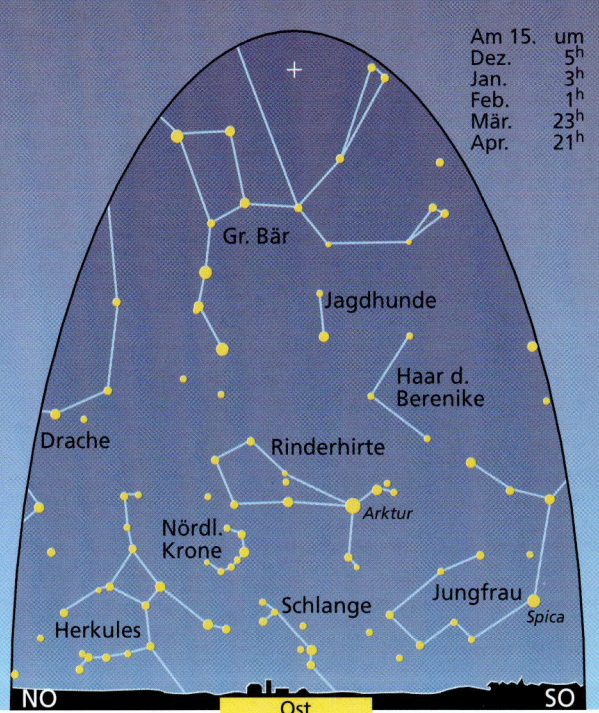

⭐ **Hoch am Himmel** setzt der *Große Bär* zum Sprung in den Zenitbereich an; die Teilfigur des *Großen Wagens* scheint jetzt auf der (abgeknickt erscheinenden) Wagendeichsel zu stehen. Rechts daneben finden Sie die *Jagdhunde* und das *Haar der Berenike*.

⭐ **Halbhoch** leuchtet der orangerötliche Arktur im *Rinderhirten*; die mächtige Gestalt erstreckt sich von Arktur aus horizontal nach links. Ihre „Spitze" weist in Richtung *Drache*, der sich im Nordosten bis auf die Höhe des *Großen Wagens* emporwindet.

⭐ **Horizontnah** können Sie den *Herkules* und das Halbrund der *Nördlichen Krone* erkennen, rechts darunter den *Kopf der Schlange* sowie nach SO hin das Sternbild *Jungfrau* mit dem weißlichen Hauptstern Spica. Zusammen mit Arktur und Regulus, dem Hauptstern im *Löwen* (im S), bildet Spica das große Frühlingsdreieck.

APRIL

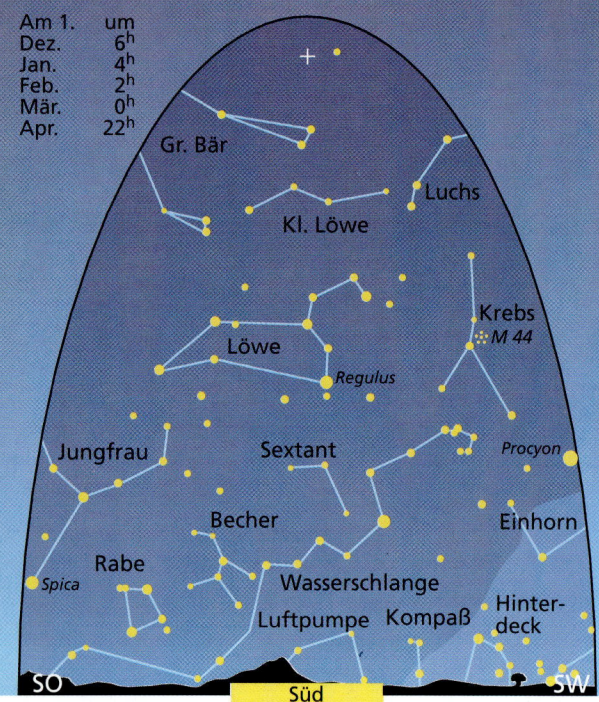

Am 1.	um
Dez.	6ʰ
Jan.	4ʰ
Feb.	2ʰ
Mär.	0ʰ
Apr.	22ʰ

⭐ **Hoch am Himmel** ragen die Pranken des *Großen Bären* noch bis fast an den Scheitelpunkt oder Zenit heran. Darunter kauert der *Kleine Löwe*, dessen lichtschwache Sterne allerdings nicht sehr auffällig sind.

⭐ **Halbhoch** beherrscht der mächtige *Löwe* die Szene. Sein Hauptstern Regulus liegt fast auf der Ekliptik – an dieser Stelle des Himmels steht die Sonne alljährlich um den 23. August. Auch der *Krebs* weiter westlich gehört zu den Ekliptiksternbildern.

⭐ **Horizontnah** erstreckt sich die *Wasserschlange*, deren Kopf unterhalb vom *Krebs* aufragt, bis weit nach SO. Über ihrem Rücken „schweben" drei unscheinbare Sternbilder – der *Sextant*, der *Becher* und der *Rabe*; die beiden letzten sind in der griechischen Mythologie mit der *Wasserschlange* verknüpft. Im SW ragen noch einige Sterne des Südhimmels über den Horizont.

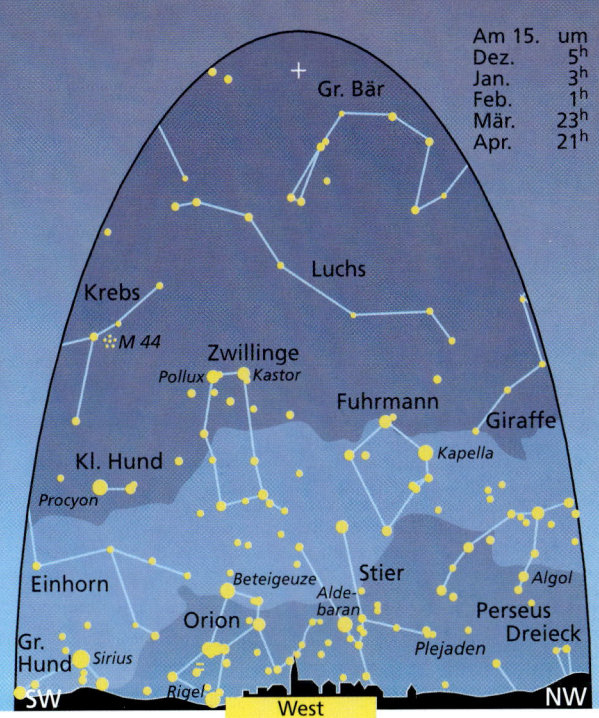

⭐ **Hoch am Himmel** bleibt die Suche nach hellen Sternen erfolglos – dort können Sie einzig die Vorderpranken des *Großen Bären* und den *Luchs* ausmachen.

⭐ **Halbhoch** bietet sich ein letzter Blick auf das vollständige Wintersechseck: Noch am höchsten stehen die beiden *Zwillinge* Kastor und Pollux. Rechts davon trifft der Blick auf den *Fuhrmann* mit der hellen Kapella, links leuchtet Procyon im *Kleinen Hund*, und darüber folgt der unscheinbare *Krebs*.

⭐ **Horizontnah** verabschiedet sich der Himmelsjäger *Orion* von der Himmelsbühne. Seine drei Gürtelsterne weisen nach links auf Sirius im *Großen Hund*, nach rechts auf den orangerötlichen Aldebaran im *Stier*, die beide ebenfalls „dem Untergang geweiht" sind.

⭐ **Die Milchstraße,** in dieser Region ohnehin nicht sehr eindrucksvoll, spannt sich flach über den Westhorizont.

MAI

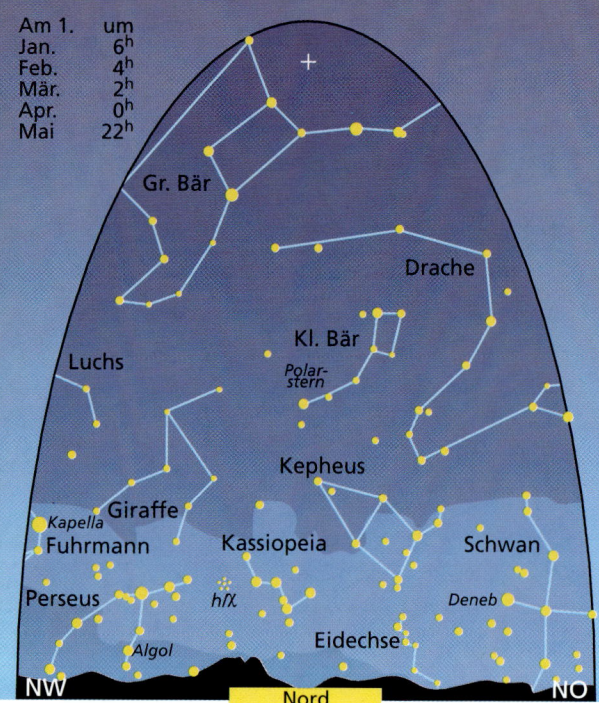

Am 1.	um
Jan.	6^h
Feb.	4^h
Mär.	2^h
Apr.	0^h
Mai	22^h

⭐ **Hoch am Himmel** hat nun auch der *Große Wagen* als Hinterteil des *Großen Bären* den Höhepunkt seines täglichen Umschwungs überschritten und sinkt langsam im NW wieder herab. Zwischen ihm und dem *Kleinen Bären* mit dem Polarstern schlängelt sich der langgestreckte Schwanz des *Drachen*.

⭐ **Halbhoch** trifft der Blick fast ins Leere, da die *Giraffe* im NW und der *Drache* im NO nur recht lichtschwache Sterne umfassen.

⭐ **Horizontnah** passiert die *Kassiopeia* (das Himmels-W) gerade ihre tiefste Stellung – die *Kassiopeia* gehört, ebenso wie der benachbarte *Kepheus*, zu den Zirkumpolarsternbildern, die bei uns niemals untergehen. Und während im NW der *Perseus* langsam versinkt, steigt im NO der *Schwan* mit dem hellen Deneb empor.

⭐ **Die Milchstraße** verläuft horizontnah von W nach O.

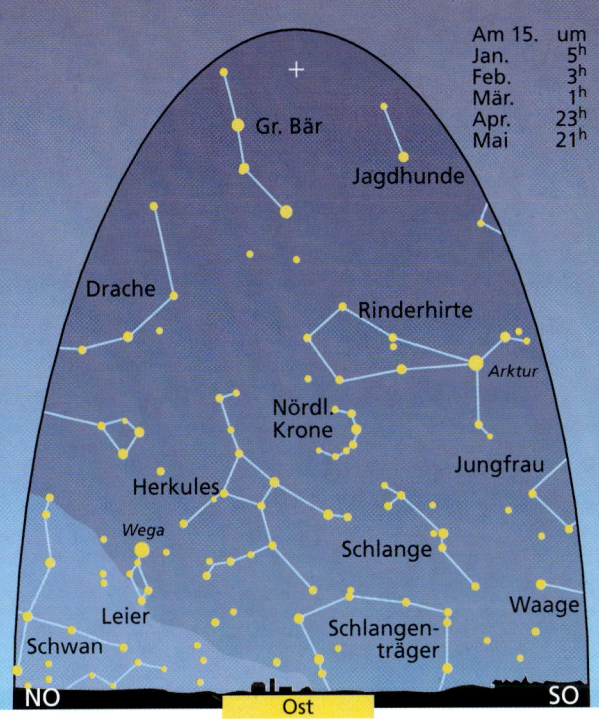

⭐ **Hoch am Himmel** erkennen Sie die Deichsel des *Großen Wagens* und das kleine, unscheinbare Sternbild der *Jagdhunde*.

⭐ **Halbhoch** übernimmt der *Rinderhirte* mit dem orangerötlichen Arktur bald die Hauptrolle am Südhimmel. Ihm folgen das Halbrund der *Nördlichen Krone* und weiter zum Horizont die mächtige Gestalt des *Herkules*, der kopfüber am Himmel entlangzieht und seine Füße auf den Kopf des *Drachen* gestellt hat.

⭐ **Horizontnah** zieht die helle Wega, Hauptstern in der *Leier*, Ihre Aufmerksamkeit auf sich, kündet sie doch den nahen Sommer an. Ihr folgt im NO der *Schwan*, während der *Schlangenträger* rechts unterhalb des *Herkules* über den Horizont steigt. Der Kopf der *Schlange* ist schon aufgegangen, der Schwanz läßt noch auf sich warten.

⭐ **Die Milchstraße** ist noch immer wenig eindrucksvoll.

MAI

Am 1.	um
Jan.	6^h
Feb.	4^h
Mär.	2^h
Apr.	0^h
Mai	22^h

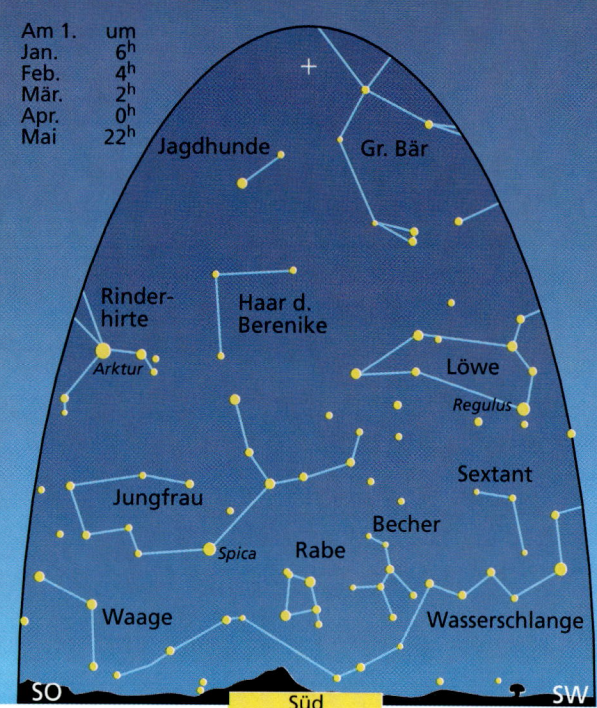

⭐ **Hoch am Himmel** hetzen die *Jagdhunde* dem *Großen Bären* nach, der nun schon wieder am SW-Himmel herabsteigt. Unterhalb der *Jagdhunde* schimmert blaß das *Haar der Berenike*.

⭐ **Halbhoch** finden Sie im SO den orangerötlichen Arktur im *Rinderhirten*, im SW den weißlichen Regulus im *Löwen* und fast im S, aber deutlich tiefer, die weißliche Spica, den Hauptstern der *Jungfrau*. Die drei Sterne bilden das große Frühlingsdreieck, das unter den jahreszeitlichen „Vielecken" am unauffälligsten ist.

⭐ **Horizontnah** ist die *Wasserschlange* jetzt endlich in voller Größe zu erkennen. Ausgehend vom Kopf weit im SW (außerhalb dieser Karte) erstreckt sie sich bis zum Schwanzende unterhalb des Sternbilds *Waage* über eine Gesamtlänge von fast 100 Grad. Allerdings sind ihre lichtschwachen Sterne im Horizontdunst kaum zu finden.

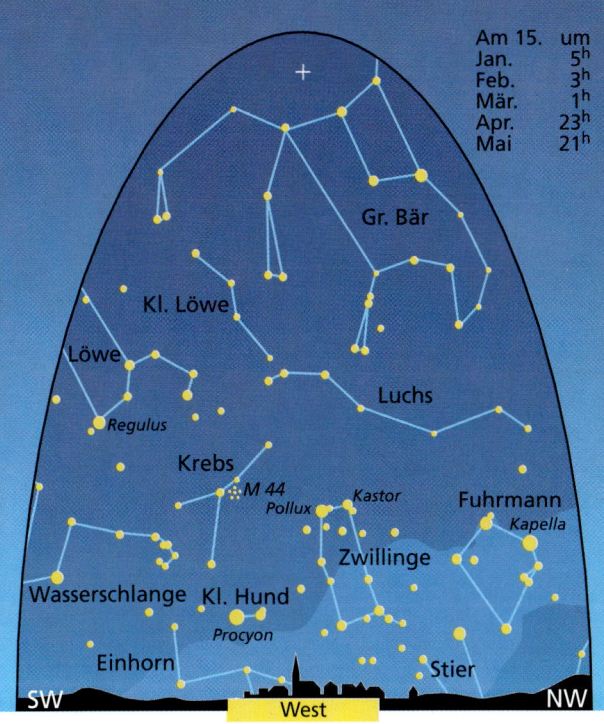

⭐ **Hoch am Himmel** erkennen Sie jetzt den *Großen Bären*, der zunehmend an Höhe verliert und gleichsam im Steilflug auf den NW-Horizont zusteuert. Zu seinen Füßen haben sich die Sternbilder *Kleiner Löwe* und *Luchs* regelrecht verkrochen.

⭐ **Halbhoch** lauert der *Löwe* zwar auf Beute, doch der vorauseilende *Krebs* dürfte ihm kaum zusagen.

⭐ **Horizontnah** bereitet sich der *Kleine Hund* mit Procyon auf den Untergang vor, und auch die *Zwillinge* mit Kastor und Pollux werden nicht mehr lange verweilen können, ebenso wie weiter im SW die *Wasserschlange*. Vom *Einhorn* und vom *Stier* ragen nur noch einige Teile über den Horizont, der Rest der Wintersternbilder hat sich von der Himmelsbühne verabschiedet. Nur der *Fuhrmann* mit der hellen Kapella hat noch eine Gnadenfrist.

⭐ **Die Milchstraße** bleibt auch im Mai unauffällig.

JUNI

Am 1.	um
Feb.	6^h
Mär.	4^h
Apr.	2^h
Mai	0^h
Jun.	22^h

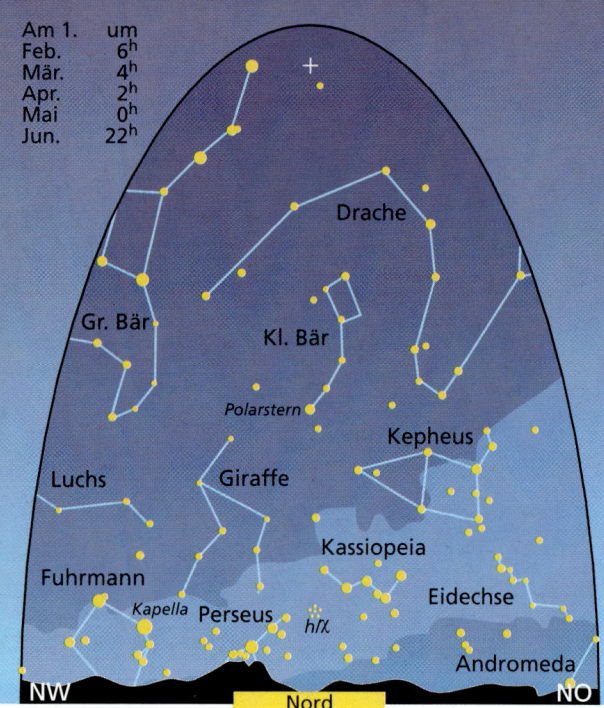

⭐ **Hoch am Himmel** scheint der *Große Wagen* im NW mit der Deichselspitze am Zenit zu hängen. Im NO windet sich der riesige *Drache* in großem Bogen um den *Kleinen Bären* mit dem Polarstern; der *Kleine Bär/Kleine Wagen* reckt sich derzeit dem Zenit entgegen.

⭐ **Halbhoch** strebt die *Giraffe* ihrer Tiefststellung im N entgegen. Auch sie zählt zu den Zirkumpolarsternbildern, die bei uns nicht untergehen. Ihr folgt im NW der *Luchs*, während *Eidechse* und *Kepheus* im NO mit dem Wiederaufstieg begonnen haben.

⭐ **Horizontnah** wäre das Himmels-W, die *Kassiopeia*, jetzt besonders gut lesbar, doch der Nordhorizont wird durch die lange Dämmerungszeit noch aufgehellt. *Perseus* und der *Fuhrmann* mit der hellen Kapella tauchen immer tiefer in die horizontnahen Dunstschichten ein.

⭐ **Die Milchstraße** steigt im NO langsam empor.

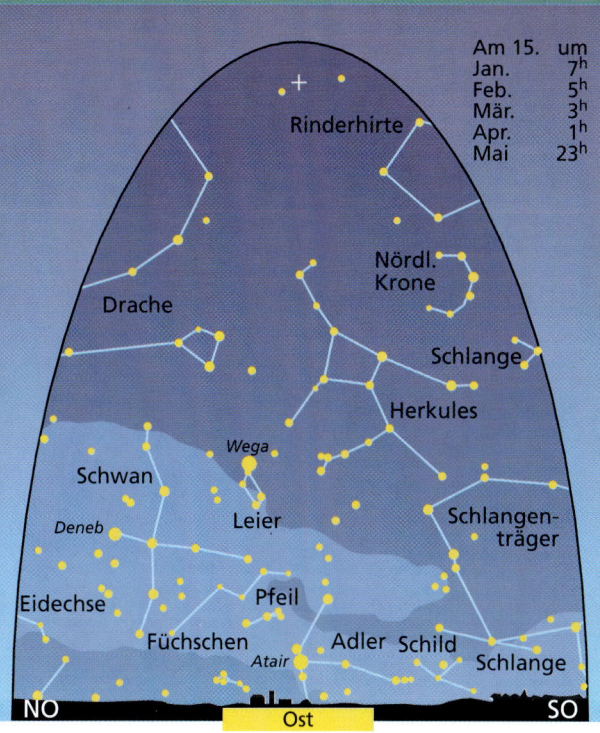

⭐ **Hoch am Himmel** erkennen Sie im NO Teile des *Drachen*, im SO die Spitze des *Rinderhirten* und das Halbrund der *Nördlichen Krone* sowie im O ein Bein des Riesen *Herkules*, der kopfüber am Himmel entlangzieht.

⭐ **Halbhoch** treten zwei Sternvierecke gegeneinander an: der Rumpf des *Herkules* und der Kopf des *Drachen*. Dazwischen, aber etwas tiefer, leuchtet die helle Wega, Hauptstern der *Leier*. Links darunter finden Sie das mächtige Sternkreuz des *Schwans*, während im SO die große Gestalt des *Schlangenträgers* sichtbar wird.

⭐ **Horizontnah** taucht mit Atair im *Adler* der dritte Eckpunkt des Sommerdreiecks auf (die beiden anderen sind Wega in der *Leier* und Deneb im *Schwan*). Links vom *Adler* liegen der *Pfeil* und das *Füchschen*, rechts treffen Sie auf den *Schild* und den Schwanz der *Schlange*.

⭐ **Die Milchstraße** verläuft noch sehr horizontnah.

JUNI

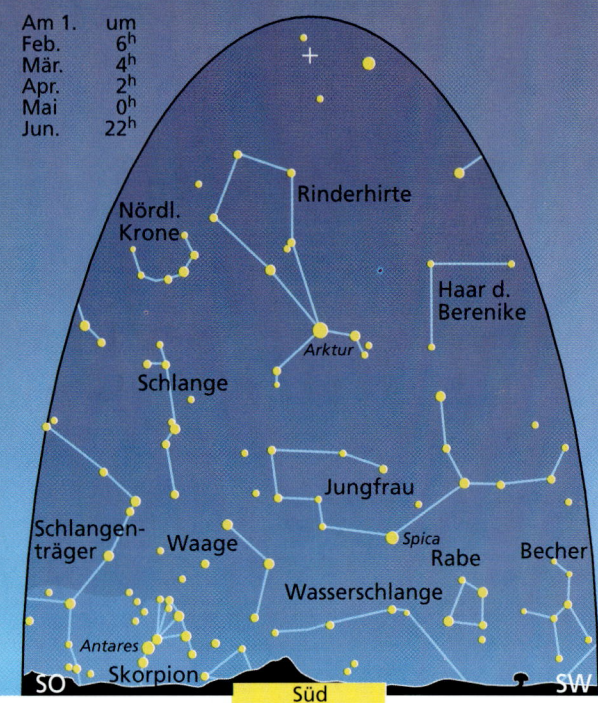

Am 1.	um
Feb.	6^h
Mär.	4^h
Apr.	2^h
Mai	0^h
Jun.	22^h

⭐ **Hoch am Himmel** hat der mächtige *Rinderhirte* seine Höchststellung auf der Nord-Süd-Linie erreicht; und sein orangerötlicher Hauptstern Arktur ist der hellste Stern nördlich des Himmelsäquators. Links neben dem *Rinderhirten* finden Sie die *Nördliche Krone*, rechts schimmert das *Haar der Berenike*.

⭐ **Halbhoch** nimmt die *Jungfrau* weiten Raum ein – unter den Ekliptiksternbildern ist sie das größte, in dem die Sonne alljährlich mehr als sechs Wochen verweilt. Links oberhalb der *Jungfrau* finden Sie den *Kopf der Schlange* und Teile des *Schlangenträgers*.

⭐ **Horizontnah** steht darunter inzwischen der rötliche Antares, Hauptstern im *Skorpion*. Dessen Scheren sind schon vor langer Zeit abgetrennt und zum Sternbild *Waage* geformt worden. *Wasserschlange*, *Rabe* und *Becher* entschwinden allmählich im SW.

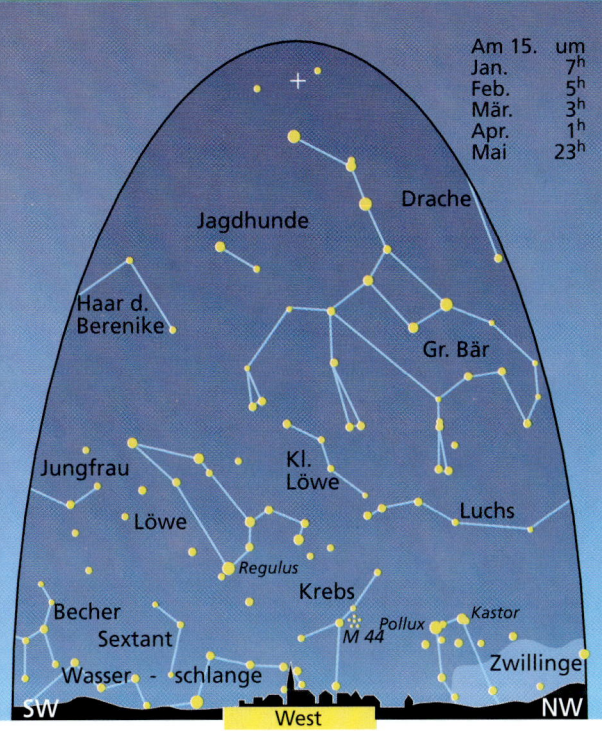

⭐ **Hoch am Himmel** sinkt die mächtige Gestalt des *Großen Bären* jetzt deutlich immer weiter herunter. Während die Tiergestalt vorwärts wandert, scheint der „eingelagerte" *Große Wagen* rückwärts über den Himmel zu rollen. Links neben den Deichselsternen lauern die *Jagdhunde*, noch weiter im SW können Sie das unscheinbare Sternbild *Haar der Berenike* suchen.

⭐ **Halbhoch** ducken sich *Luchs* und *Kleiner Löwe* vor dem herannahenden *Großen Bären*, während der *Löwe* selbst zu einem weiten Sprung angesetzt hat.

⭐ **Horizontnah** verabschiedet sich die *Wasserschlange* allmählich von der Himmelsbühne und mit ihr *Sextant* und *Becher*. Auch der *Krebs* im W und die *Zwillinge* im NW, deren „Füße" schon untergegangen sind, ziehen sich nun zurück; mit ihnen verschwinden auch die letzten Glanzpunkte des Winterhimmels.

JULI

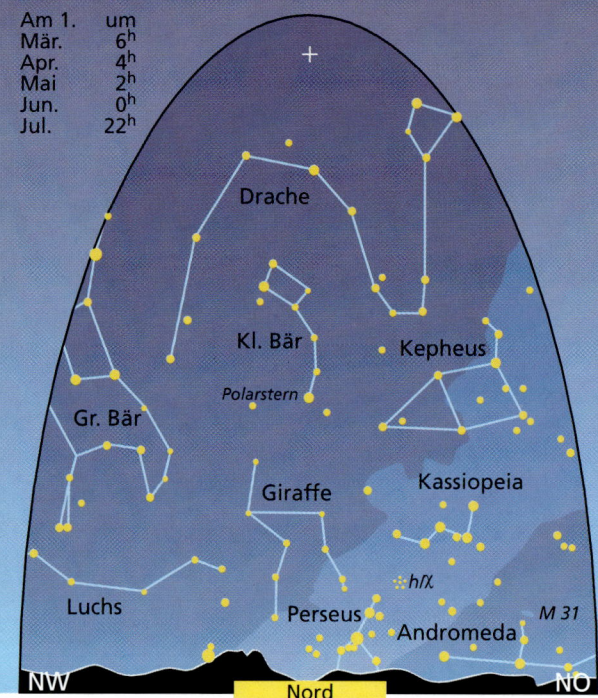

Am 1. um
Mär. 6^h
Apr. 4^h
Mai 2^h
Jun. 0^h
Jul. 22^h

⭐ **Hoch am Himmel** windet sich der lange Rumpf des *Drachen* in großem Bogen um den *Kleinen Bären*, der sich jetzt nahezu senkrecht über dem Polarstern in Richtung Zenit reckt.

⭐ **Halbhoch** ragt der Kopf des *Großen Bären* von NW herüber. Die beiden hinteren Kastensterne vom *Großen Wagen* befinden sich etwa auf gleicher Höhe mit dem Polarstern; mit ihrer Hilfe können Sie diesen scheinbaren Dreh- und Angelpunkt jetzt besonders leicht finden. Von NO zeigt die Spitze des *Kepheus* ebenfalls in Richtung auf den Polarstern.

⭐ **Horizontnah** gewinnt die *Kassiopeia* langsam wieder an Höhe, während die benachbarte *Giraffe* ihre Tiefststellung gerade erreicht hat. Noch tiefer bereiten *Perseus* und *Andromeda* ihr Comeback vor.

⭐ **Die Milchstraße** steigt im N empor.

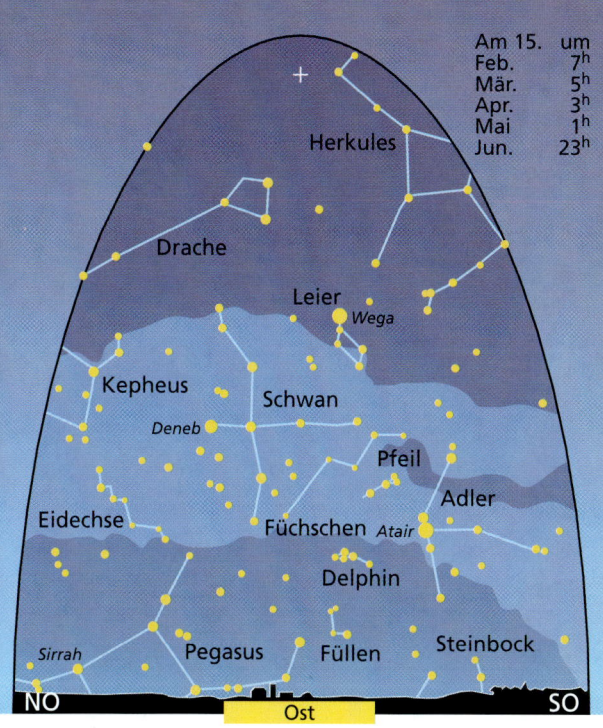

Am 15.	um
Feb.	7^h
Mär.	5^h
Apr.	3^h
Mai	1^h
Jun.	23^h

⭐ **Hoch am Himmel** hat *Herkules* seinen Kampf gegen den *Drachen* gewonnen: Der Riese hat seinen Fuß bereits auf den Drachenkopf gestellt.

⭐ **Halbhoch** bekommen Sie einen Vorgeschmack auf den spätsommerlichen Südhimmel: Hier finden Sie mittlerweile das komplette Sommerdreieck aus Wega, dem Hauptstern der *Leier*, Deneb im *Schwan* und Atair im *Adler*. Der *Schwan* mit seinen ausgebreiteten Schwingen und dem weit nach vorn gestreckten Hals fliegt jetzt nahezu parallel zum Horizont nach S.

⭐ **Horizontnah** künden sich bereits die ersten Herbststernbilder an: *Pegasus*, das geflügelte Roß, reckt seine Vorderläufe empor, und auch der *Steinbock* lugt schon über die Horizontlinie.

⭐ **Die Milchstraße** verläuft halbhoch über den Osthimmel und präsentiert im *Schwan* einige Sternwolken.

JULI

Am 1.	um
Mär.	6ʰ
Apr.	4ʰ
Mai	2ʰ
Jun.	0ʰ
Jul.	22ʰ

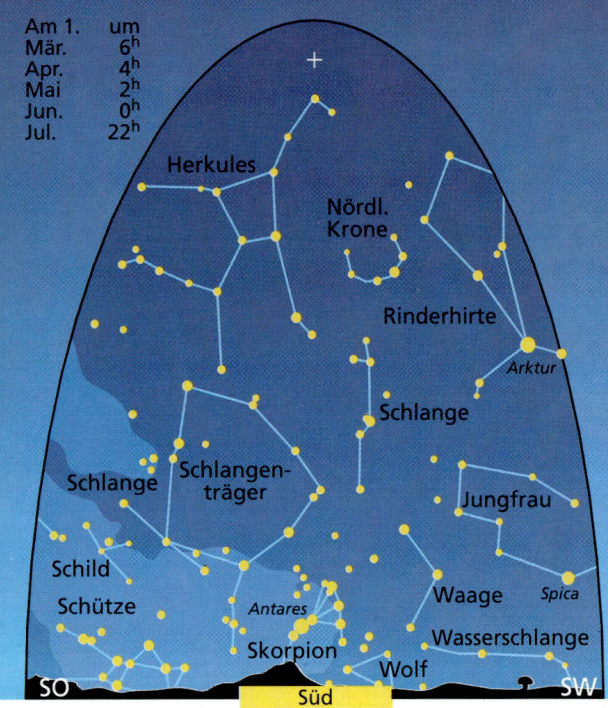

⭐ **Hoch am Himmel** strebt der mächtige *Herkules* seiner Höchststellung im Süden entgegen. Rechts von ihm erkennen Sie die *Nördliche Krone* und noch weiter im SW die Umrisse des *Rinderhirten* mit dem hellen Arktur.

⭐ **Halbhoch** hat der Kopf der *Schlange* die Südstellung bereits überschritten, während der *Schlangenträger* die Nord-Süd-Linie bald erreichen wird. An seinem linken Rand finden Sie jetzt auch den Schwanz der *Schlange* – sie ist das einzige zweigeteilte Sternbild am Himmel.

⭐ **Horizontnah** überquert auch der *Skorpion* die Nord-Süd-Linie. Zwar gehört der *Skorpion* zu den Ekliptiksternbildern, doch verweilt die Sonne alljährlich nur wenige Tage im nördlichsten Ausläufer dieser Figur und zieht dann in den *Schlangenträger* weiter.

⭐ **Die Milchstraße** zeigt im SO einige vielversprechende helle Sternwolken.

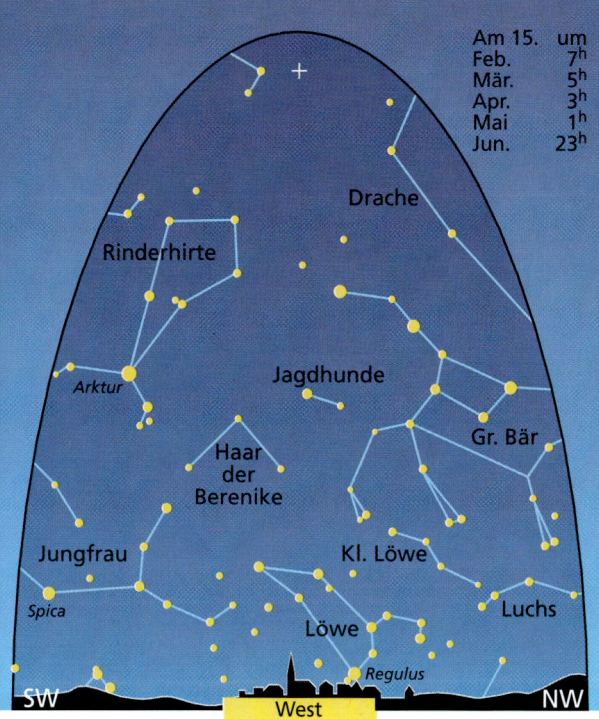

⭐ **Hoch am Himmel** werden Sie wieder einmal kaum helle Sterne finden. Noch am nächsten an den Zenit heran kommen ein „Bein" des *Herkules* und der gewundene Rumpf des *Drachen*.

⭐ **Halbhoch** ragen Körper und Schwanz des *Großen Bären* noch in den westlichen Teil des Himmels hinein. Der geschwungene Bogen des Bärenschwanzes (der Deichsel des *Großen Wagens*) weist Ihnen den Weg zu Arktur, dem orangerötlichen Hauptstern des *Rinderhirten*. Dazwischen liegen noch die *Jagdhunde* und das unscheinbare *Haar der Berenike*.

⭐ **Horizontnah** bietet sich ein letzter Blick auf den *Löwen* mit Regulus, ehe dieser erste Eckpunkt des Frühlingsdreiecks hinter dem Horizont verschwindet. Auch die *Jungfrau* mit Spica im SW wird sich nun bald vom Abendhimmel verabschieden.

AUGUST

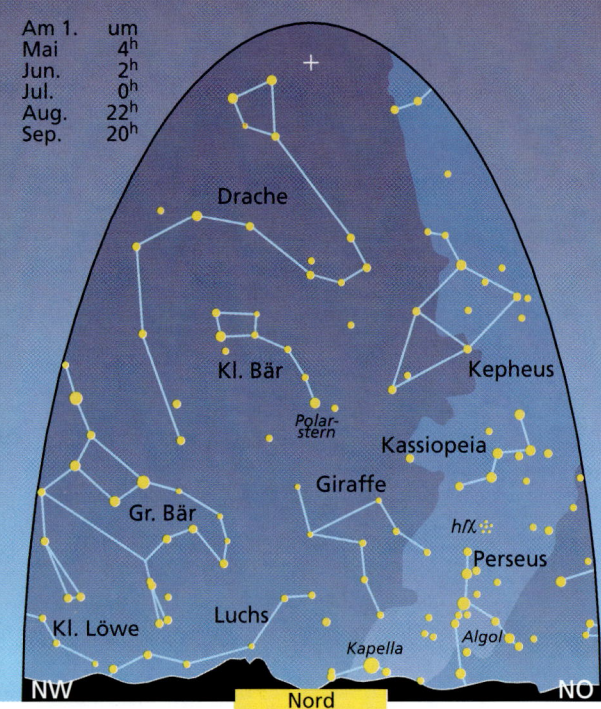

Am 1.	um
Mai	4^h
Jun.	2^h
Jul.	0^h
Aug.	22^h
Sep.	20^h

⭐ **Hoch am Himmel** beherrscht der *Drache* die Szene: Seinen Kopf finden Sie noch nahe dem Zenit des Himmels; von dort erstreckt sich der Drachenrumpf zunächst nach rechts unten, knickt kurz vor dem *Kepheus* nach NW ab und schlägt dann einen weiten Bogen rund um den *Kleinen Bären*.

⭐ **Halbhoch** setzt im NW der *Große Bär* mit seinen ausgestreckten Beinen zur „Landung" über dem Nordhorizont an. Vor ihm startet die *Giraffe* gerade durch, und die *Kassiopeia* hat gegenüber ihrer Tiefststellung bereits deutlich an Höhe gewonnen.

⭐ **Horizontnah** ducken sich im NW und N der *Kleine Löwe* und der *Luchs*. Tief über dem Nordhorizont flackert Kapella, der Hauptstern im *Fuhrmann*, und der *Perseus* erscheint jetzt klar wie ein auf dem Kopf stehendes „Y".

⭐ **Die Milchstraße** steigt im NO steil empor.

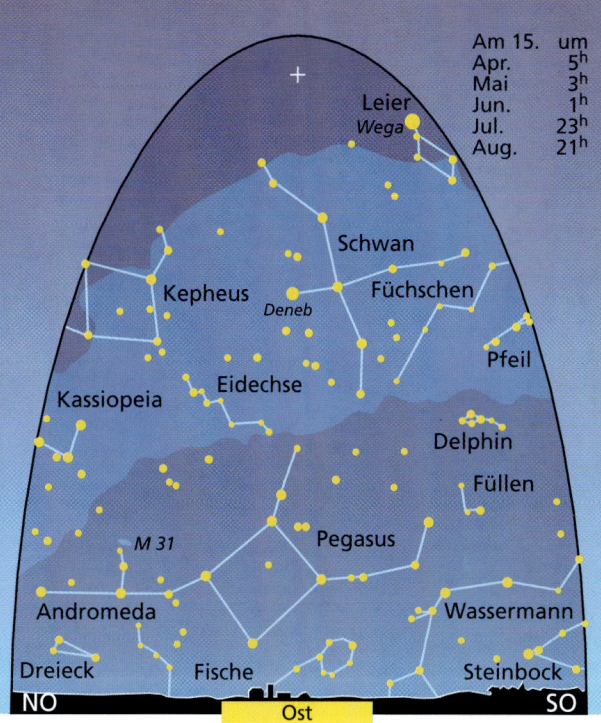

⭐ **Hoch am Himmel** ziehen die Sternbilder *Leier* und *Schwan* ihrer Höchststellung am Südhimmel entgegen. Von NO rückt der *Kepheus* nach.

⭐ **Halbhoch** spannt sich eine Kette kleinerer Sternbilder von rechts nach links; sie umfaßt den *Pfeil* und das *Füchschen*, den *Delphin* und das *Füllen*, aber auch die *Eidechse* zwischen *Schwan* und *Kepheus* gehört noch dazu. Hellere Sterne fehlen hier.

⭐ **Horizontnah** zeichnet sich schon die nächste Trendwende ab, denn dort haben sich bereits etliche Herbststernbilder versammelt: *Steinbock* und *Wassermann* im SO, das geflügelte Roß *Pegasus* genau im O, noch darunter die *Fische* und ganz im NO die *Andromeda* und das *Dreieck*.

⭐ **Die Milchstraße** spannt sich in weitem Bogen von der *Kassiopeia* im NO bis zum *Schwan* im SO.

AUGUST

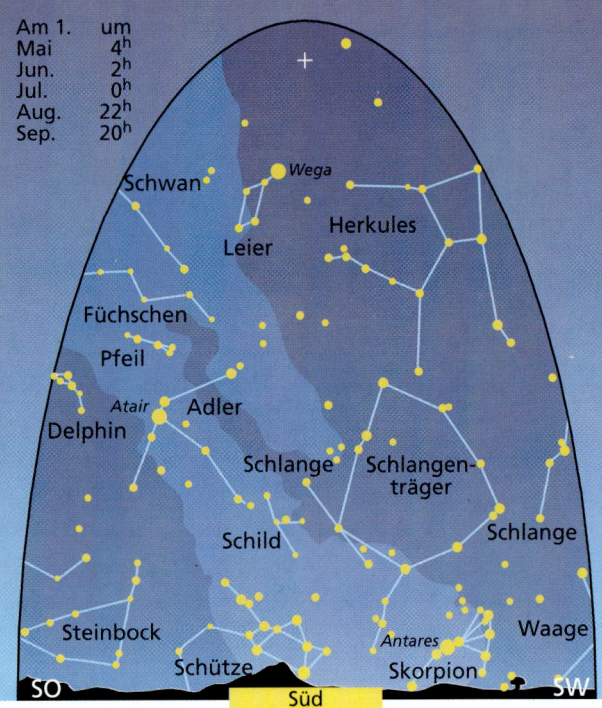

Am 1.	um
Mai	4^h
Jun.	2^h
Jul.	0^h
Aug.	22^h
Sep.	20^h

⭐ **Hoch am Himmel** leuchtet die helle Wega, der Hauptstern der *Leier*; sie hat ihre Höchststellung auf der Nord-Süd-Linie fast erreicht. Rechts von ihr hat *Herkules* bereits mit dem Abstieg begonnen, von links segelt der *Schwan* langsam ins Bild. Sein langgestreckter Hals reicht bis an das unauffällige *Füchschen* heran.

⭐ **Halbhoch** finden Sie die mächtige Gestalt des *Schlangenträgers* – eine große Sternleere, die von einer Kette lichtschwacher Sterne umrahmt wird. Von O folgen der *Schild* und der *Adler* mit dem hellen Atair sowie der *Pfeil* und der *Delphin*.

⭐ **Horizontnah** tauchen *Waage* und *Skorpion* bald schon wieder ab, während der nördliche Teil des *Schützen* gerade in die beste Position rückt.

⭐ **Die Milchstraße** entfaltet zwischen *Schild*, *Skorpion* und *Schütze* ihre größte Helligkeit.

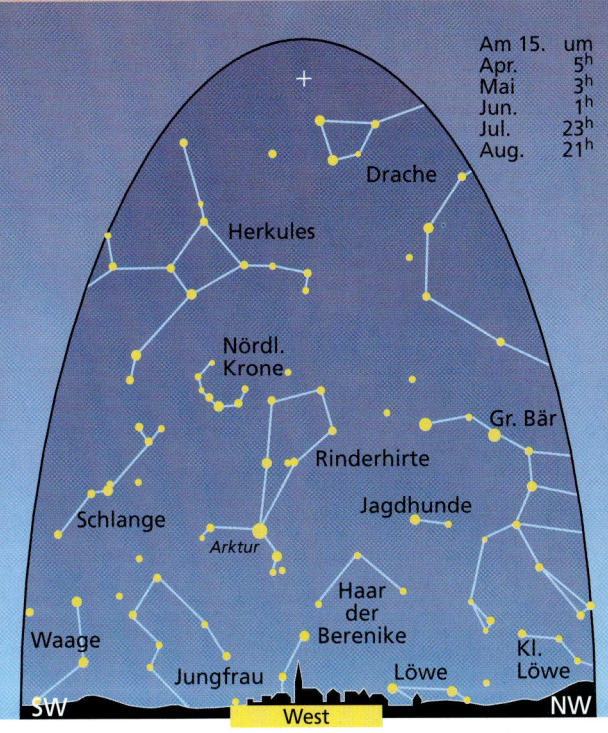

⭐ **Hoch am Himmel** ragt der Kopf des *Drachen* in den Kartenausschnitt hinein. In dieser Perspektive kann der *Drache* sich – wenn auch nur scheinbar – über den *Herkules* im SW erheben.

⭐ **Halbhoch** trifft Ihr Blick auf das Halbrund der *Nördlichen Krone* und den *Rinderhirten*, der jetzt wie ein riesiger Papierdrachen aussieht, mit dem orangerötlichen Arktur am Schwanzansatz. Nach links schließt sich der Kopf der *Schlange* an, nach rechts entschwinden die *Jagdhunde* und der *Große Bär* Ihrem Blick.

⭐ **Horizontnah** finden Sie die Reste von gleich vier Sternbildern, die schon teilweise untergegangen sind: von der *Waage* im SW über die *Jungfrau* im W, den *Löwen* im WNW und den *Kleinen Löwen* ganz im NW. Einzig das *Haar der Berenike* steht noch hoch genug und daher vollständig über dem Horizont.

SEPTEMBER

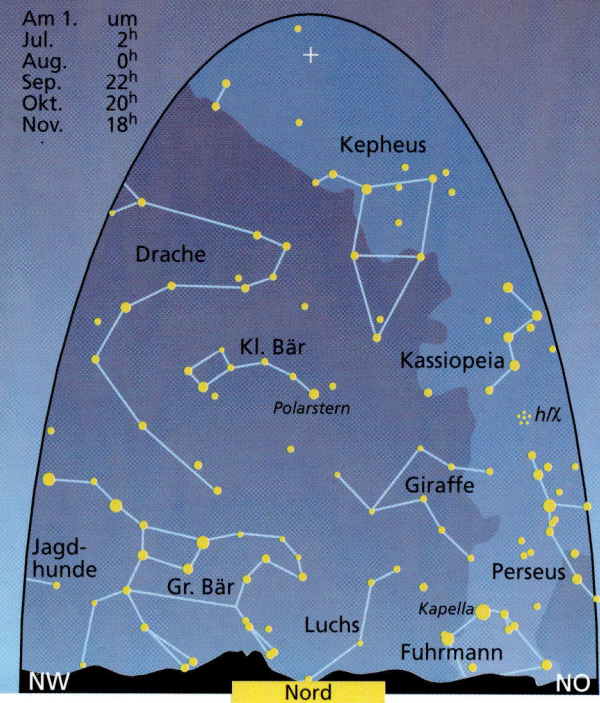

Am 1.	um
Jul.	2^h
Aug.	0^h
Sep.	22^h
Okt.	20^h
Nov.	18^h

⭐ **Hoch am Himmel** strebt das Sternbild *Kepheus* seiner Höchststellung auf der Nord-Süd-Linie entgegen; seine Umrisse ähneln denen eines Bleistiftstummels.

⭐ **Halbhoch** folgen ihm im NO das Himmels-W der *Kassiopeia* und die unscheinbare *Giraffe* sowie – noch etwas tiefer – der *Perseus*, während im NW der *Drache* langsam vom Himmel herabsteigt. Der *Kleine Bär* ragt derzeit vom Polarstern nach Westen.

⭐ **Horizontnah** schleifen die Füße des *Großen Bären* im NW fast über den Boden. Vom *Luchs* ragt nur noch ein Teil über den Nordhorizont; weil seine Sterne nicht sehr hell sind, ist er ist allerdings nicht leicht zu identifizieren. Dagegen hat Kapella im *Fuhrmann* die horizontnahen Dunstschichten bereits überwunden und steigt langsam höher hinauf; sie ist gleichsam die erste Mahnung dafür, daß der nächste Winter nicht mehr weit sein kann.

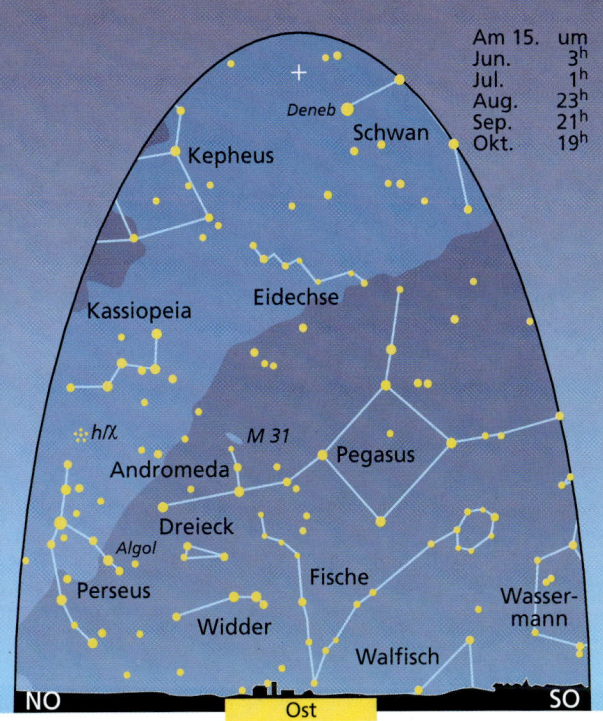

⭐ **Hoch am Himmel** entschwindet der *Schwan* nach Süden; nur der Schwanz mit dem hellen Deneb ragt noch in den Kartenausschnitt hinein. Wenig auffällig ist dagegen der *Kepheus*, der im NO seiner Höchststellung entgegenstrebt.

⭐ **Halbhoch** trifft Ihr Blick auf das *Pegasus*-Viereck, das eigentlich besser Herbstviereck genannt wird, weil der linke obere Eckstern (an der Grenze zur *Andromeda*) nicht mehr zum *Pegasus* gehört, sondern Hauptstern der *Andromeda* ist. Die Vorderläufe des kopfüber dahinsegelnden Pferdes reichen bis an die *Eidechse* heran, die Rolle der Hinterläufe wird von der Sternenkette der *Andromeda* übernommen.

⭐ **Horizontnah** finden Sie die unauffälligen *Fische* sowie das *Dreieck* und den *Widder*.

⭐ **Die Milchstraße** steigt steil im NO empor.

SEPTEMBER

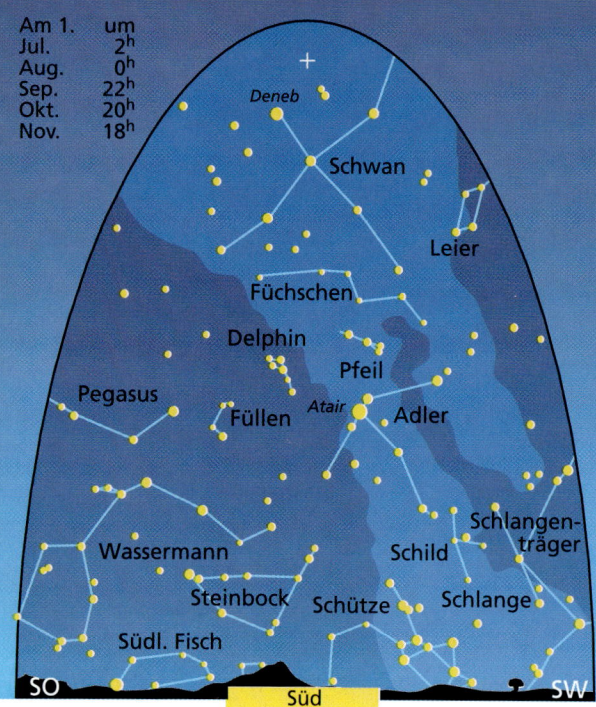

Am 1.	um
Jul.	2ʰ
Aug.	0ʰ
Sep.	22ʰ
Okt.	20ʰ
Nov.	18ʰ

⭐ **Hoch am Himmel** beherrscht der *Schwan* die Szene. Seinen Hauptstern Deneb finden Sie jetzt unweit vom Zenit, dem Scheitelpunkt des Himmels.

⭐ **Halbhoch** hat der *Adler* mit seinem Hauptstern Atair seine Höchststellung im Süden bereits überschritten. Die Umrisse dieses Sternbilds erinnern an einen etwas verbogenen Anker. Zwischen ihm und dem *Schwan* können Sie nach den kleineren Sternbildern *Füchschen*, *Pfeil* und *Delphin* Ausschau halten. Weiter östlich folgen das *Füllen* und, näher zum Horizont, der *Wassermann*.

⭐ **Horizontnah** strebt der *Schütze* seinem Untergang entgegen, und auch der Schwanz der *Schlange* und der *Schild* verschwinden bald, während der *Steinbock* auf seine Südstellung zuläuft.

⭐ **Die Milchstraße** verläuft als hell schimmerndes Band vom Zenit nach SW.

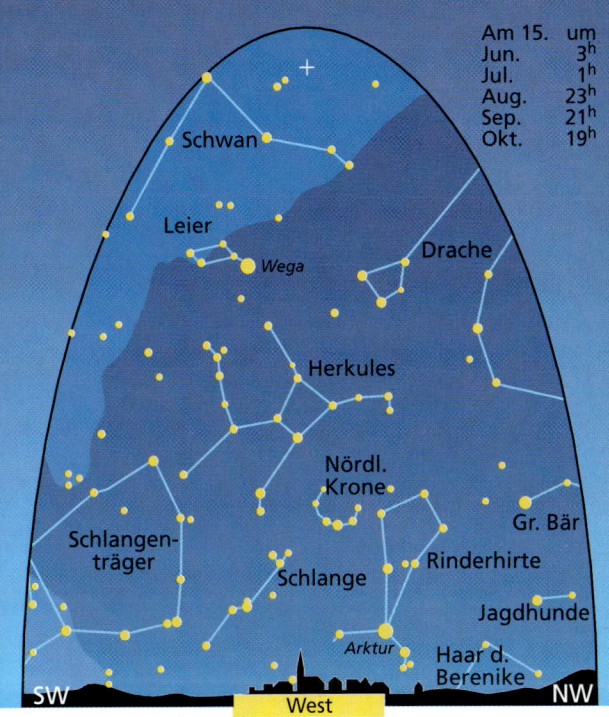

⭐ **Hoch am Himmel** ragt eine der Schwingen des *Schwans* ins Gesichtsfeld. Darunter erkennen Sie das kleine Sternparallelogramm der *Leier* mit der hellen Wega, dem fünfthellsten Stern am irdischen Firmament; rechts daneben lauert der Kopf des *Drachen*.

⭐ **Halbhoch** neigt sich der *Herkules* allmählich seinem Untergang zu. Der Riese, der kopfüber am Himmel steht, hält den nahen *Drachen* im Zaum.

⭐ **Horizontnah** verabschieden sich die letzten Frühlingssternbilder: Das *Haar der Berenike* ist bereits im Horizontdunst verschwunden, der helle Arktur im *Rinderhirten* wird ihm bald folgen, und auch die *Schlange* und der *Schlangenträger* können sich jetzt nicht mehr lange halten. Einzig die *Nördliche Krone* bleibt noch ein wenig länger zu beobachten.

⭐ **Die Milchstraße** erfüllt den zenitnahen Bereich.

OKTOBER

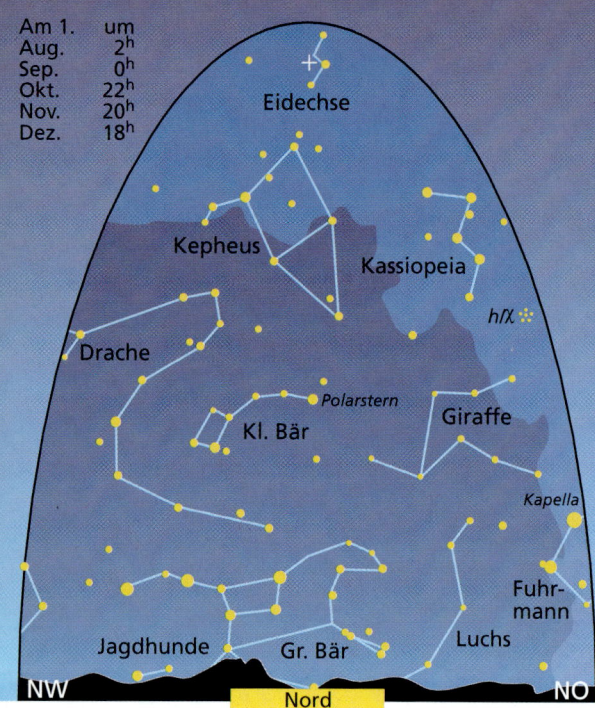

Am 1. um
Aug. 2ʰ
Sep. 0ʰ
Okt. 22ʰ
Nov. 20ʰ
Dez. 18ʰ

⭐ **Hoch am Himmel** erreicht der *Kepheus* seine Höchststellung zwischen Polarstern und dem Zenit. Die Umrisse des wenig auffälligen Sternbildes erinnern in dieser Stellung an eine riesige Eistüte, deren Spitze etwa in Richtung Polarstern zeigt. Weiter rechts steht das Himmels-W der *Kassiopeia*, das jetzt eher wie eine krakelig geschriebene „3" erscheint.

⭐ **Halbhoch** fehlen hellere Sterne weitgehend – nur der Polarstern fällt hier auf. Von ihm aus erstreckt sich der *Kleine Bär* in westlicher Richtung und zwingt so den *Drachen* zu einem weiten Bogen. Im NO gewinnt die *Giraffe* langsam an Höhe.

⭐ **Horizontnah** scheint der *Große Bär* jetzt über die Erde zu laufen und Jagd auf den vorauseilenden *Luchs* zu machen.

⭐ **Die Milchstraße** ist im Zenitbereich zu erkennen.

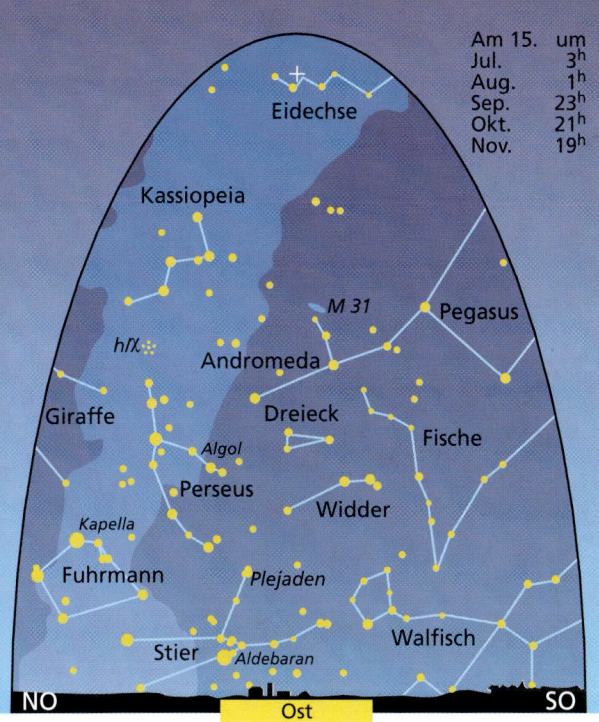

⭐ **Hoch am Himmel** fehlen wieder einmal hellere Sterne. Dort schlängelt sich lediglich die *Eidechse* dahin, deren Hauptteil wie eine Miniaturausgabe vom Himmels-W der benachbarten *Kassiopeia* erscheint.

⭐ **Halbhoch** leuchtet jetzt die „Lichterkette" der *Andromeda* mit M 31, der nächsten größeren Nachbar-Milchstraße. Links darunter erkennen Sie die etwas verbogene Wünschelrute des Sternbilds *Perseus* sowie die *Fische*, das *Dreieck* und den *Widder*.

⭐ **Horizontnah** erweist sich der Sternhaufen der Plejaden im Sternbild *Stier* als Blickfang. Nach rechts schließt sich der wenig auffällige *Walfisch* an, von links rückt der *Fuhrmann* mit der hellen Kapella als Vorbote des nahen Winterhimmels nach.

⭐ **Die Milchstraße** steigt im NO empor, ist aber in diesem Bereich nicht besonders auffällig.

OKTOBER

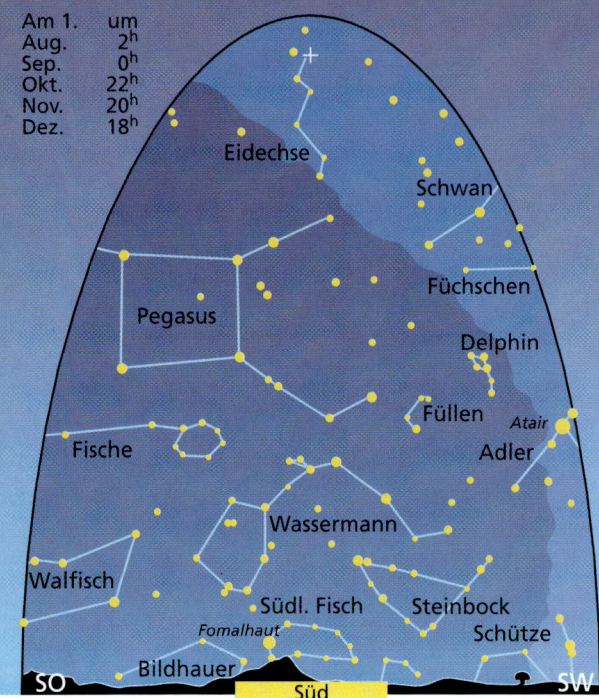

Am 1.	um
Aug.	2^h
Sep.	0^h
Okt.	22^h
Nov.	20^h
Dez.	18^h

⭐ **Hoch am Himmel** werden Sie keine hellen Sterne finden, denn die *Eidechse*, die sich dort entlangschlängelt, kann nur mit Sternen der vierten Größenklasse und darunter aufwarten.

⭐ **Halbhoch** strebt der *Pegasus* seiner Höchststellung entgegen; bis auf die Eckpunkte des Herbstvierecks steuert auch er keine helleren Sterne bei, vom vorauseilenden *Füllen* ganz zu schweigen.

⭐ **Horizontnah** passiert der unauffällige *Wassermann* gerade die Nord-Süd-Linie und damit seine Höchststellung. Rechts unterhalb finden Sie den ebenfalls wenig auffälligen *Steinbock*, während tief im Süden einzig Fomalhaut, der Hauptstern im *Südlichen Fisch*, zu erkennen ist. Von Südosten folgen das Sternbild der *Fische* und der *Walfisch*.

⭐ **Die Milchstraße** ist im SW zu finden.

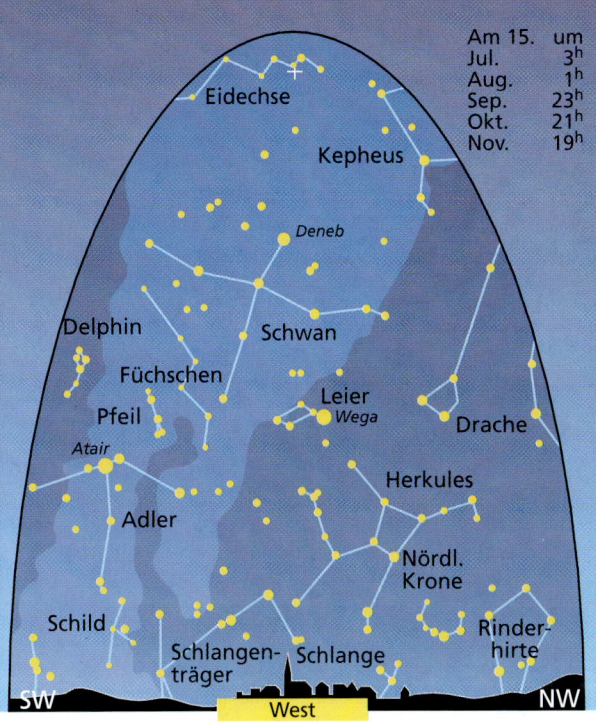

⭐ **Hoch am Himmel** teilen sich *Schwan*, *Kepheus* und *Eidechse* die an hellen Sternen arme Region um den Zenit. Darunter segelt der *Schwan* mit ausgebreiteten Schwingen im Sturzflug in Richtung Horizont.

⭐ **Halbhoch** bereitet sich der *Adler* auf die Landung am Westhorizont vor; ihm folgen das *Füchschen*, der *Pfeil* und der *Delphin* mit seiner markanten kleinen Sternraute. Weiter im W leuchtet die helle Wega, Hauptstern der *Leier*, und rechts daneben markiert ein kleines Sternviereck den Kopf des *Drachen*.

⭐ **Horizontnah** warten *Herkules* und die *Nördliche Krone* auf den Untergang, der den *Rinderhirten*, die *Schlange* und den *Schlangenträger* bereits erfaßt hat. Auch der *Schild* wird bald im SW verschwinden.

⭐ **Die Milchstraße** ragt im SW steil nach oben und erstreckt sich durch *Adler* und *Schwan* bis zum *Kepheus*.

NOVEMBER

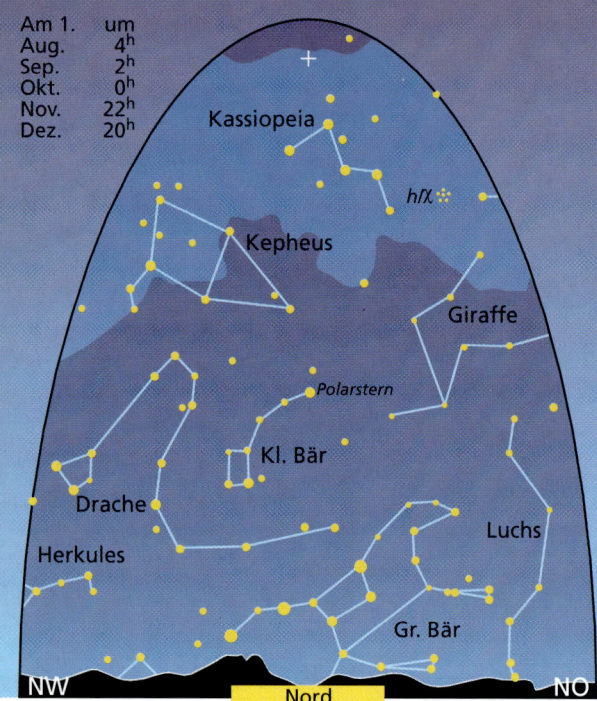

Am 1.	um
Aug.	4^h
Sep.	2^h
Okt.	0^h
Nov.	22^h
Dez.	20^h

⭐ **Hoch am Himmel** erreicht die *Kassiopeia* bald ihre höchste Stellung zwischen dem Polarstern und dem Zenit; bei Zirkumpolarsternbildern spricht man in diesem Zusammenhang von der „oberen Kulmination". In dieser Position erscheint sie nahezu als Himmels-„M". Auch der *Kepheus* und die *Giraffe* stehen noch höher als der Polarstern, der Hauptstern im *Kleinen Bären*.

⭐ **Halbhoch** windet sich der *Drache* von NW her in weitem Bogen um den *Kleinen Bären* mit dem Polarstern.

⭐ **Horizontnah** hat der *Große Bär/Große Wagen* seine Tiefststellung im Norden (die untere Kulmination) bereits überschritten und beginnt nun im NO allmählich mit dem Wiederaufstieg. Er folgt darin dem *Luchs*, den Sie jetzt steil aufgerichtet über dem NO-Horizont finden können.

⭐ **Die Milchstraße** erstreckt sich jetzt hoch über den Nordhimmel.

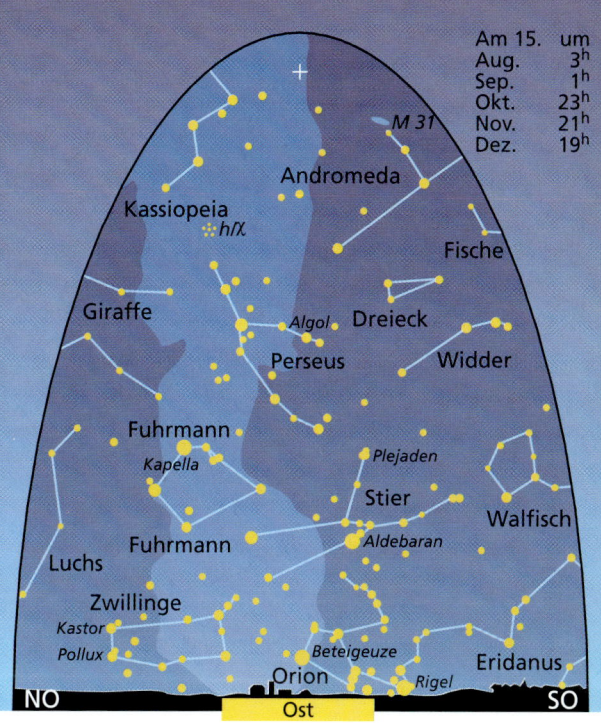

⭐ **Hoch am Himmel** entschwindet die *Andromeda* mit dem berühmten Andromeda-Nebel (M 31) zusammen mit *Dreieck* und *Widder* langsam in südlicher Richtung. Nach links schließen sich der *Perseus* und die *Kassiopeia* an.

⭐ **Halbhoch** künden der *Fuhrmann* mit der hellen Kapella sowie der *Stier* mit den Plejaden und dem rötlich leuchtenden Aldebaran den nächsten Winter an; Aldebaran sitzt an der Spitze einer V-förmigen Sterngruppe, dem Sternhaufen der Hyaden (Regengestirn).

⭐ **Horizontnah** steigen die *Zwillinge* mit Kastor und Pollux empor, im Osten taucht der Himmelsjäger *Orion* mit Beteigeuze, Rigel und den markanten drei Gürtelsternen auf, und im SO windet sich der Fluß *Eridanus* seiner Mündung am Südhimmel entgegen.

⭐ **Die Milchstraße** enthält im *Fuhrmann* und *Perseus* einige schöne Sternhaufen.

NOVEMBER

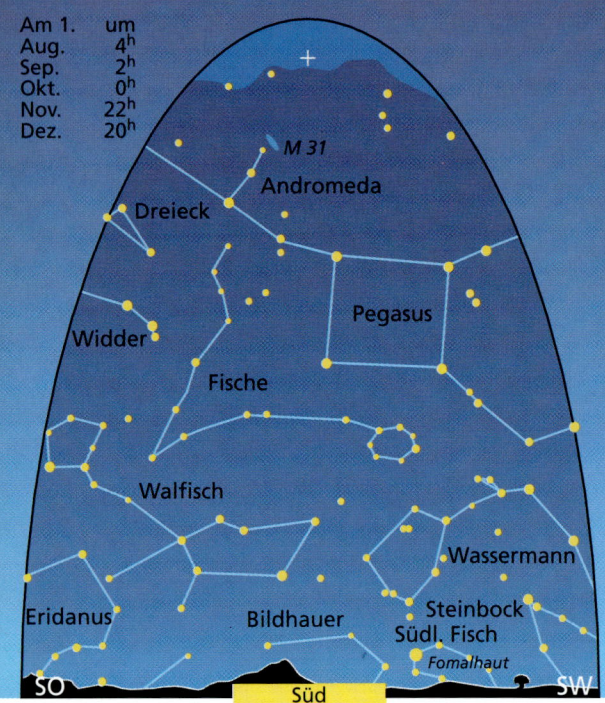

Am 1.	um
Aug.	4^h
Sep.	2^h
Okt.	0^h
Nov.	22^h
Dez.	20^h

⭐ **Hoch am Himmel** finden Sie jetzt das geflügelte Roß *Pegasus*, das die Nord-Süd-Linie bereits überschritten hat; sein Rumpf wird von einem großen Sternviereck markiert, dessen linker oberer Eckpunkt aber schon zur benachbarten *Andromeda* gehört. In der *Andromeda* können Sie in einer mondscheinlosen Nacht nach M 31 suchen, der nächsten großen Nachbargalaxie unserer Milchstraße.

⭐ **Halbhoch** tummeln sich die *Fische* und der *Walfisch* scheinbar in dem Wasser, das der *Wassermann* im SW ausgegossen hat.

⭐ **Horizontnah** setzt sich dieses „Feuchtbiotop" in Gestalt der Sternbilder *Südlicher Fisch* und Fluß *Eridanus* fort, und bei den Babyloniern zählte auch noch der *Steinbock*, der ursprünglich als „Ziegenfisch" bezeichnet wurde, zu dieser Gruppe dazu.

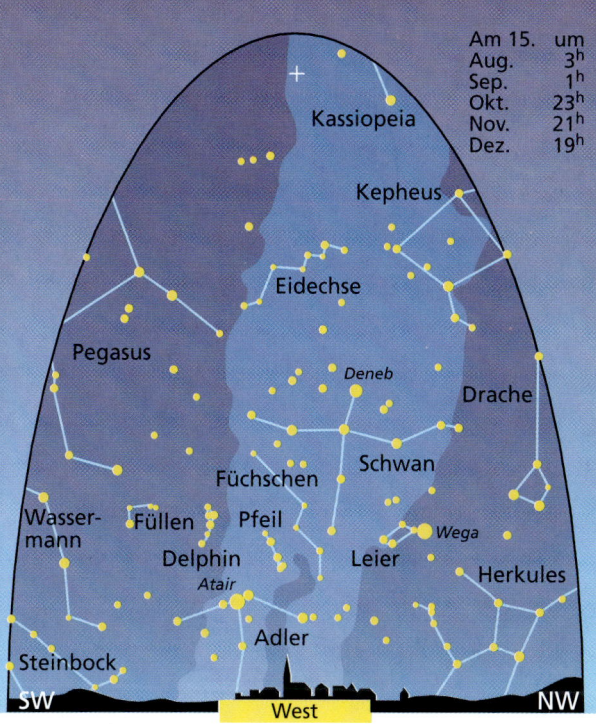

⭐ **Hoch am Himmel** fehlen hellere Sterne nahezu völlig, und so enthält dieser Teil auch keine markanten Sternbilder – die *Eidechse* ist erst im späten 17. Jahrhundert gleichsam als Lückenfüller zwischen *Pegasus* und *Kepheus* eingeführt worden.

⭐ **Halbhoch** setzt der *Schwan* seinen Sinkflug fort; er lenkt den Blick noch einmal auf das Sommerdreieck aus Deneb, dem Hauptstern im *Schwan*, Wega (in der *Leier*) und Atair (im *Adler*), der bald als erster dieser drei im Westen versinken wird. Zwischen *Schwan* und *Adler* finden Sie mit dem *Füchschen* noch ein weiteres „modernes" Sternbild; dagegen waren der *Pfeil*, der *Delphin* und das *Füllen* schon den Griechen im Altertum bekannt.

⭐ **Horizontnah** verabschieden sich der *Herkules* im NW und der *Steinbock* im SW.

⭐ **Die Milchstraße** steigt im Westen steil empor.

DEZEMBER

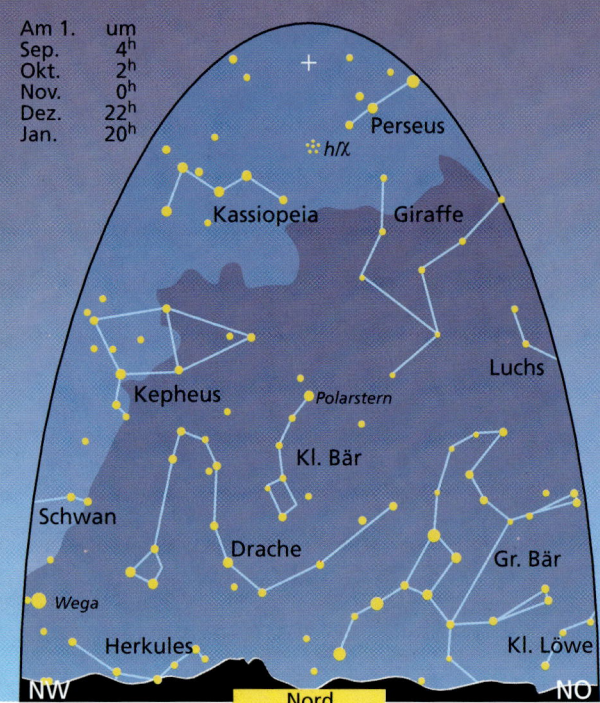

Am 1.	um
Sep.	4ʰ
Okt.	2ʰ
Nov.	0ʰ
Dez.	22ʰ
Jan.	20ʰ

⭐ **Hoch am Himmel** treffen die drei Sternbilder *Kassiopeia*, *Perseus* und *Giraffe* zusammen. Mit einem Fernglas finden Sie dort die beiden Sternhaufen h und chi im Perseus, die dem bloßen Auge nur als verwaschene Lichtflecken erscheinen. *Kassiopeia* hat ihre Höchststellung bereits überschritten und mit dem Abstieg begonnen.

⭐ **Halbhoch** eilt ihr im NW der *Kepheus* voran, ihr Gemahl; noch aber steht er höher am Himmel als der Polarstern, von dem der *Kleine Bär* jetzt ziemlich senkrecht nach unten herunter „hängt".

⭐ **Horizontnah** zwängt sich der *Drache* zwischen dem *Kleinen Bären* und dem Nordhorizont hindurch; *Herkules*, sein Bezwinger, ist bereits weitgehend versunken, während der *Große Bär*/*Große Wagen* im NO zu neuen Höhenflügen ansetzt.

⭐ **Die Milchstraße** ist am Nordhimmel wenig auffällig.

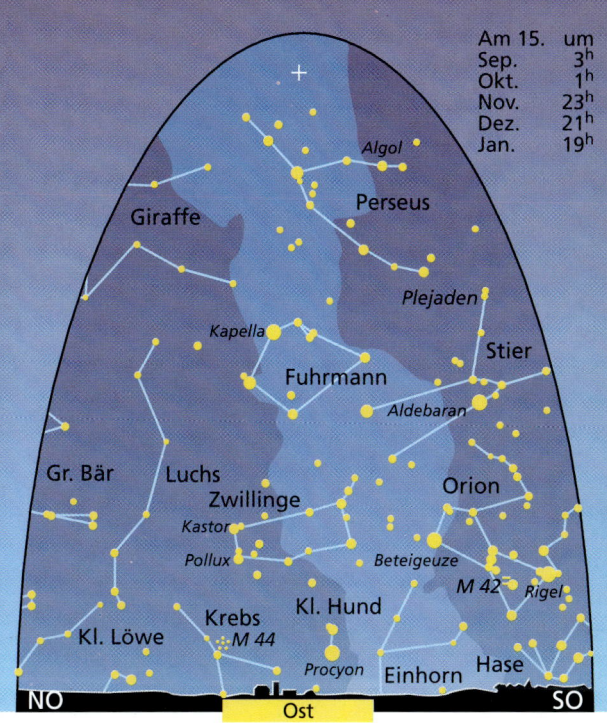

⭐ **Hoch am Himmel** lenkt *Perseus*, ein Held der griechischen Sagenwelt, die Blicke auf sich. Die Umrisse dieses Sternbilds erinnern an eine etwas verwachsene Wünschelrute, an deren rechtem Griff der veränderliche Stern Algol alle paar Tage langsam „blinkt". Im Vergleich dazu ist die *Giraffe* ziemlich unauffällig.

⭐ **Halbhoch** wechselt der *Stier* mit den Plejaden bald an den Südhimmel. Mit seinen Hörnern droht er dem *Fuhrmann*, dem er bereits einen Stern „abgenommen" hat (die obere Hornspitze wurde früher zum Fuhrmann gezählt), und dem Himmelsjäger *Orion*, der seinen Schild schützend über sich hält. Auch die *Zwillinge* mit Kastor und Pollux sind schon höher gestiegen.

⭐ **Horizontnah** folgen der *Hase*, das *Einhorn*, der *Kleine Hund* und der *Krebs*.

⭐ **Die Milchstraße** fällt am Winterhimmel kaum auf.

DEZEMBER

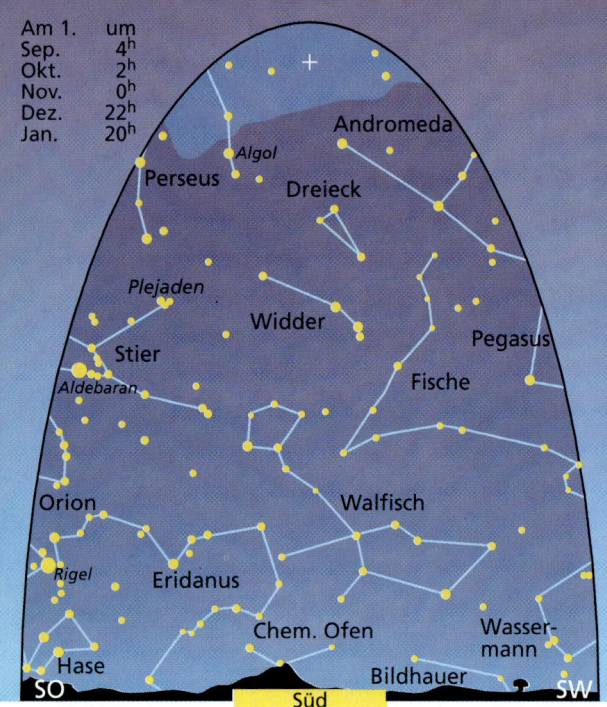

⭐ **Hoch am Himmel** verläßt die *Andromeda* die Nord-Süd-Linie, die das *Dreieck* und der *Widder* gerade überschritten haben; ihnen wird bald der *Perseus* folgen.

⭐ **Halbhoch** finden Sie im Süden den Kopf des *Walfischs*, der allerdings keine sehr hellen Sterne enthält. Der Rumpf des Meeresungeheuers, das auf Geheiß des Meeresgottes Poseidon die Gestade Äthiopiens heimsuchen sollte, reicht weit nach SW. Rechts darüber tummeln sich die *Fische*, die ebenfalls ohne wirklich helle Sterne auskommen müssen.

⭐ **Horizontnah** strömt der Fluß *Eridanus* in weitem Bogen nach Süden; seine Quelle hat er unweit von Rigel, dem weißlichen rechten Fußstern des Himmelsjägers *Orion*. Der *Hase*, der gerade im SO über den Horizont steigt, scheint sich an dem frischen Quellwasser laben zu wollen.

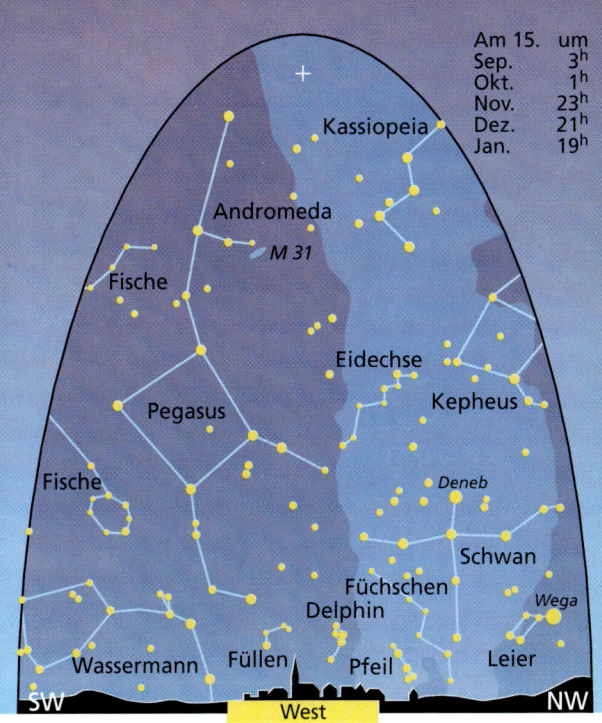

⭐ **Hoch am Himmel** reicht die Sternenkette der *Andromeda* bis nahe an den Zenitpunkt heran. Rechts davon erkennen Sie *Kassiopeia*, die Mutter der *Andromeda*.

⭐ **Halbhoch** steht das Herbstviereck, das den Rumpf des *Pegasus* markiert, auf der rechten unteren Spitze, an der der Hals des kopfüber am Himmel schwebenden geflügelten Rosses ansetzt; die Vorderläufe scheinen gleich auf die *Eidechse* herabzusausen. Im NW steuert der *Kepheus* seiner Tiefststellung über dem Nordhorizont entgegen.

⭐ **Horizontnah** hat der *Schwan* zum Sturzflug angesetzt; seine Umrisse erinnern jetzt an ein großes Kreuz, das über dem NW-Horizont schwebt – der *Schwan* wird daher auch oft als „Kreuz des Nordens" bezeichnet. *Füchschen*, *Pfeil*, *Delphin* und *Füllen* werden bald ebenso verschwinden wie der *Wassermann* im SW.

⭐ **Die Milchstraße** ragt im NW steil empor.

ADLER · ANDROMEDA

Das Sternbild **ADLER** (lateinisch Aquila, Abk. Aql) kulminiert im Juli gegen 24 Uhr.
Es grenzt im Norden an den Pfeil, im Westen an den Herkules, den Schlangenträger, die Schlange und den Schild, im Süden an den Schützen und den Steinbock sowie im Osten an den Wassermann und den Delphin. Das äquatornahe Sternbild ist nördlich von 78 Grad und südlich von −71 Grad geografischer Breite nicht vollständig sichtbar. Mit einer Fläche von 652 Quadratgrad steht es in der nach Größe sortierten Liste der Sternbilder auf Platz 22.

★ hellster Stern: α Aql – Atair ($0,8^m$, 17 LJ entfernt)
★ bekannter Veränderlicher: η Aql ($3,6^m$–$4,5^m$, Periode 7,2 Tage)

Besonderheiten: Atair markiert den südlichsten Eckpunkt des Großen Sommerdreiecks; die beiden anderen Eckpunkte sind Wega (in der Leier) und Deneb (im Schwan). Der veränderliche Stern η Aql gehört zur Klasse der Pulsationsveränderlichen vom Typ δ Cephei, die in regelmäßigem Rhythmus ihre äußere Hülle aufblähen und wieder schrumpfen lassen.

Das Sternbild **ANDROMEDA** (lateinisch Andromeda, Abk. And) kulminiert im Oktober gegen 24 Uhr.
Es grenzt im Norden an die Kassiopeia, im Westen an die Eidechse und den Pegasus, im Süden an die Fische und das Dreieck sowie im Osten an den Perseus. Das Sternbild ist nördlich von 68 Grad geografischer Breite zirkumpolar, jenseits von −36 Grad dagegen nicht mehr vollständig sichtbar. Mit einer Fläche von 722 Quadratgrad steht es in der nach Größe sortierten Liste der Sternbilder auf Platz 19.

★ hellster Stern: α And – Alpheratz ($2,1^m$, 97 LJ entfernt)
★ bekannter Doppelstern: γ And ($2,3^m$/$5,0^m$, Distanz 9,6 Bogensekunden)
★ hellster Nebel: M 31 – *Andromeda-Nebel* (4. Größenklasse), mit einer Entfernung von rund 2,9 Millionen Lichtjahren die nächste große Nachbargalaxie

Besonderheit: Der *Andromeda-Nebel* kann von dunklen Standorten fernab störender Stadtlichter bereits mit bloßem Auge als nebliger Fleck gesehen werden – er ist damit das am weitesten entfernte Objekt, das ohne optische Hilfsmittel zu beobachten ist. In einem Fernglas erscheint der *Andromeda-Nebel* als ein länglicher Nebelfleck, und mit einem Fernrohr lassen sich auch seine beiden Begleiter-Systeme (NGC 205 und M 32) erkennen.

ε
ζ
6709
γ
Atair α
μ
β
δ
η
ν
ϑ
ι
λ
ADLER
12
7
65
8
7686
ω
λ
41
κ
ο
ι
Alamak γ1
υ
ν
M 31
752
ϑ
μ
σ
β
Mirach
π
δ
α
Alpheratz
ε
ζ
ANDROMEDA
η

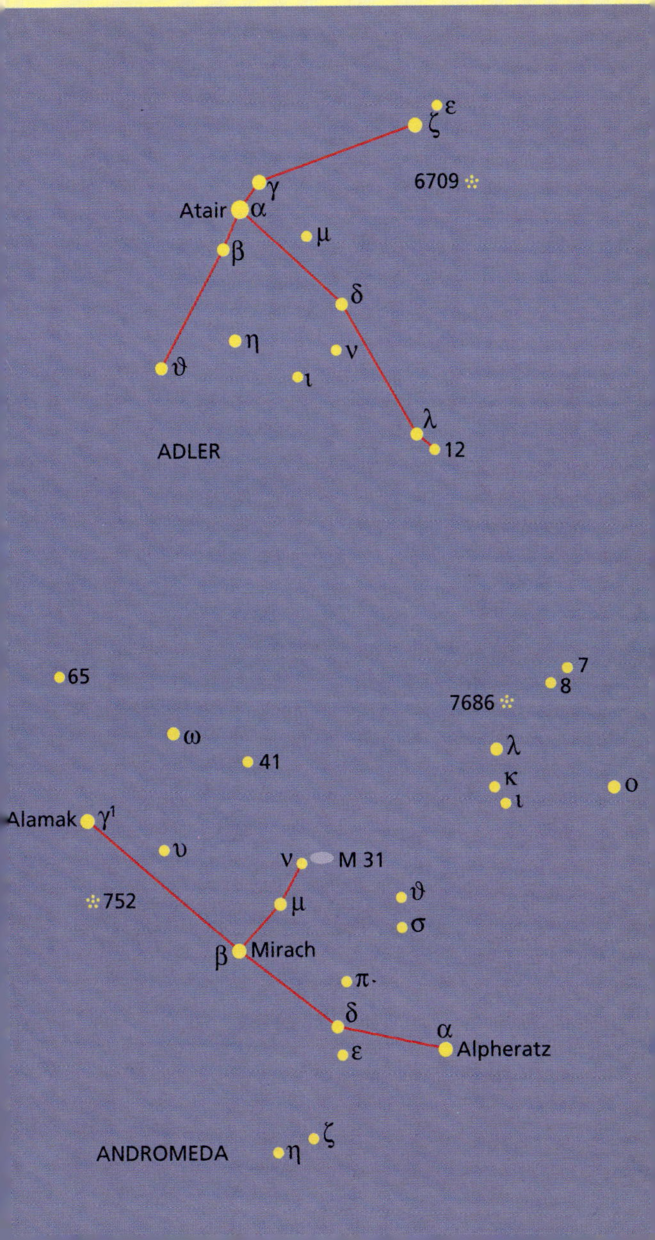

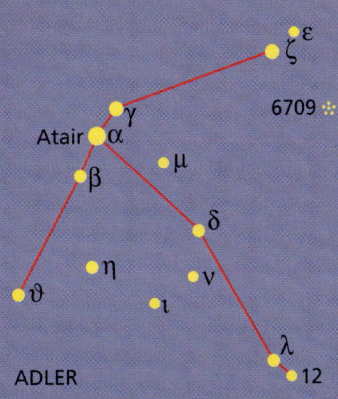

BECHER · DELPHIN · DRACHE

⭐ Das Sternbild **BECHER** (lateinisch Crater, Abk. Crt) kulminiert im März gegen 24 Uhr.
Es grenzt im Norden an die Jungfrau und den Löwen, im Westen an den Sextanten und die Wasserschlange, im Süden an die Wasserschlange sowie im Osten an den Raben und die Jungfrau. Das Sternbild ist südlich von −84 Grad geografischer Breite zirkumpolar, nördlich von 65 Grad dagegen nicht mehr vollständig sichtbar.
Mit einer Fläche von 282 Quadratgrad steht es in der nach Größe sortierten Liste der Sternbilder auf Platz 53.

★ hellster Stern: δ Crt – Alkes (3,6^m, 195 LJ entfernt)

⭐ Das Sternbild **DELPHIN** (lateinisch Delphinus, Abk. Del) kulminiert im Juli/August gegen 24 Uhr.
Es grenzt im Norden an das Füchschen, im Westen an den Pfeil und den Adler, im Süden an den Adler und den Wassermann sowie im Osten an das Füllen und den Pegasus. Das Sternbild ist nördlich von 88 Grad geografischer Breite zirkumpolar, jenseits von −69 Grad dagegen nicht mehr vollständig sichtbar.
Mit einer Fläche von 189 Quadratgrad steht es in der nach Größe sortierten Liste der Sternbilder auf Platz 69.

★ hellster Stern: β Del – Rotanev (3,6^m, 97 LJ entfernt)

Besonderheit: Bei den Eigennamen von β und α Del handelt es sich um die rückwärts geschriebene Form eines Namens (Nicolaus Venator): dies ist die latinisierte Form von Niccolo Cacciatore, dem Assistenten von Guiseppe Piazzi, der 1814 einen Katalog mit 7646 Sternen veröffentlichte.

⭐ Das Sternbild **DRACHE** (lateinisch Draco, Abk. Dra) kulminiert im Mai gegen 24 Uhr.
Es grenzt im Norden an den Kleinen Bären und die Giraffe, im Westen an die Giraffe und den Großen Bären, im Süden an den Rinderhirten, den Herkules, die Leier und an den Schwan sowie im Osten an den Kepheus. Das Sternbild ist nördlich von 42 Grad geografischer Breite zirkumpolar und jenseits von −4 Grad dagegen nicht mehr vollständig sichtbar.
Mit einer Fläche von 1083 Quadratgrad steht es in der nach Größe sortierten Liste der Sternbilder auf Platz 8.

★ hellster Stern: γ Dra – Etamin (2,2^m, 148 LJ entfernt)

Besonderheit: Im Sternbild Drache liegt der Pol der Ekliptik, jener Punkt, der genau über der Erdbahnebene steht.

ϑ
ε
δ
η
γ
α
ζ
BECHER
β
γ
α Sualocin
δ
ζ
β
η
DELPHIN
ε
ε
ρ
τ
λ
σ
χ
π
δ
φ
κ
ψ1
ζ
10
α
45
ξ
η
ϑ
ι
γ
ν2
Etamin
β
DRACHE

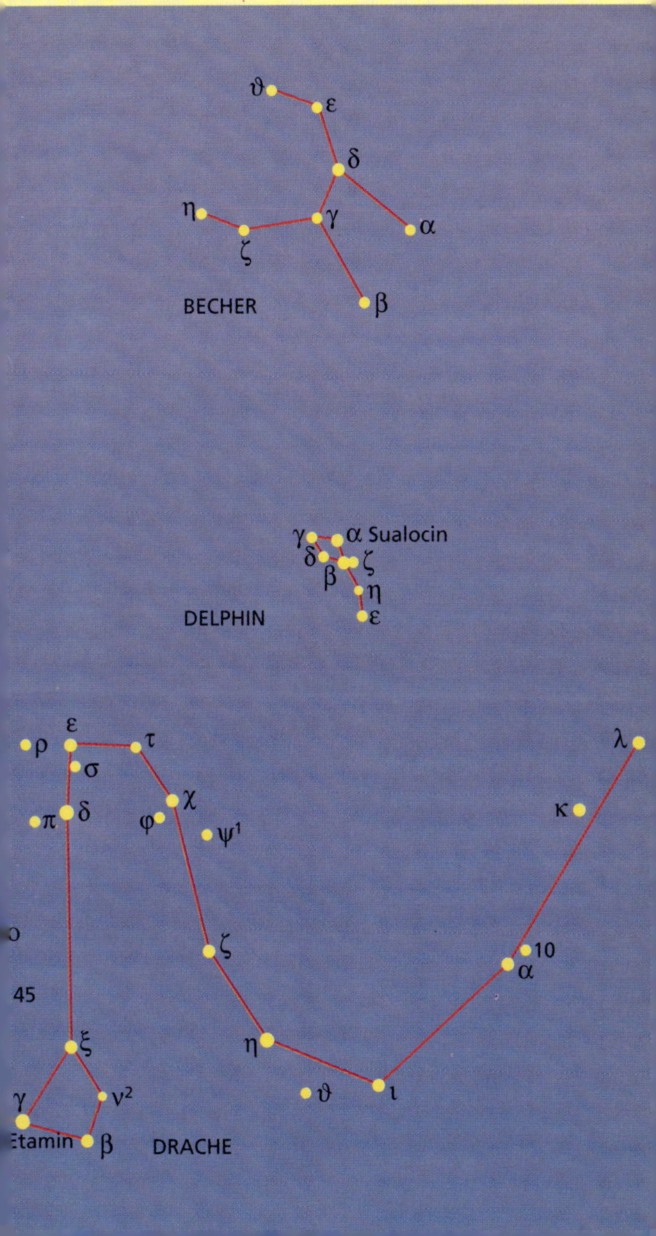

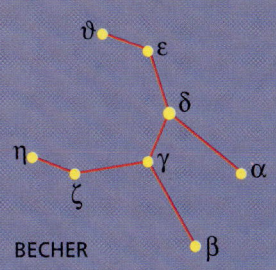

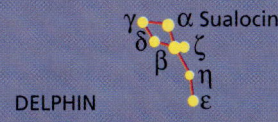

DREIECK · EIDECHSE · EINHORN

Das Sternbild **DREIECK** (lateinisch Triangulum, Abk. Tri) kulminiert im Oktober gegen 24 Uhr.
Es grenzt im Norden an die Andromeda, im Westen an die Fische, im Süden an den Widder sowie im Osten an den Perseus. Das Sternbild ist nördlich von 65 Grad geografischer Breite zirkumpolar, jenseits von −53 Grad dagegen nicht mehr vollständig sichtbar.
Mit einer Fläche von 132 Quadratgrad steht es in der nach Größe sortierten Liste der Sternbilder auf Platz 78.

★ hellster Stern: β Tri (3,0^m, 124 LJ entfernt)
★ hellster Nebel: M 33 – *Dreiecks-Nebel* (5. Größenklasse), eine nahe Spiralgalaxie

Besonderheit: Da wir nahezu senkrecht auf die Spiralgalaxie M 33 blicken, erscheint sie wesentlich dunkler als M 31 im Sternbild Andromeda.

Das Sternbild **EIDECHSE** (lateinisch Lacerta, Abk. Lac) kulminiert im August/September gegen 24 Uhr.
Es grenzt im Norden an den Kepheus, im Westen an den Schwan, im Süden an den Pegasus sowie im Osten an die Andromeda und die Kassiopeia. Das Sternbild ist nördlich von 54 Grad geografischer Breite zirkumpolar, jenseits von −23 Grad ist es dagegen nicht mehr vollständig sichtbar.
Mit einer Fläche von 201 Quadratgrad steht es in der nach Größe sortierten Liste der Sternbilder auf Platz 68.

★ hellster Stern: α Lac (3,8^m, 102 LJ entfernt)
★ hellster Nebel: NGC 7209 – offener Haufen mit etwa 50 Sternen ab 9. Größe

Das Sternbild **EINHORN** (lateinisch Monoceros, Abk. Mon) kulminiert im Januar gegen 24 Uhr.
Es grenzt im Norden an den Kleinen Hund und die Zwillinge, im Westen an den Orion, im Süden an den Großen Hund und das Hinterdeck sowie im Osten an die Wasserschlange. Das äquatornahe Sternbild ist nördlich von 79 Grad und südlich von −78 Grad geografischer Breite nicht vollständig sichtbar.
Mit einer Fläche von 482 Quadratgrad steht es in der nach Größe sortierten Liste der Sternbilder auf Platz 35.

★ hellster Stern: β Mon (3,8^m, 691 LJ entfernt)
★ bekannter Nebel: NGC 2264 – offener Haufen mit etwa 20 Sternen ab 6. Größe um S Mon (*Weihnachtsbaum-Haufen*), mit Dunkelwolke am Südende (*Konus-Nebel*)

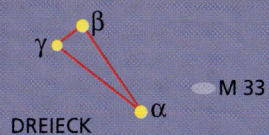
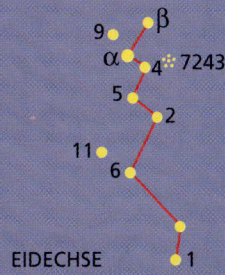
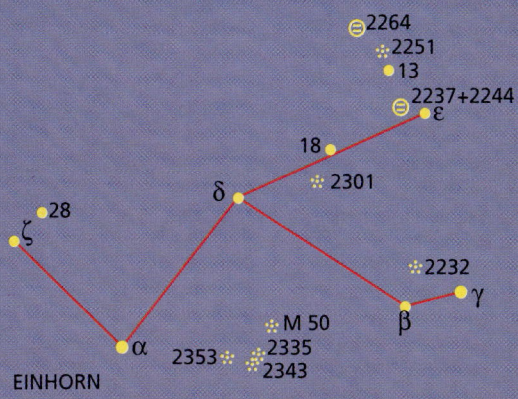

ERIDANUS · FISCHE

Das Sternbild **ERIDANUS** (lateinisch Eridanus, Abk. Eri) kulminiert im November gegen 24 Uhr.
Es grenzt im Norden an den Orion, den Stier und den Walfisch, im Westen an den Walfisch, den Chemischen Ofen und den Phönix, im Süden an die Kleine Wasserschlange sowie im Osten an die Pendeluhr, den Grabstichel, den Hasen und den Orion. Das Sternbild ist nur am Südpol zirkumpolar, nördlich von 32 Grad geografischer Breite dagegen nicht mehr vollständig sichtbar.
Mit einer Fläche von 1138 Quadratgrad steht es in der nach Größe sortierten Liste der Sternbilder auf Platz 6.

- ★ hellster Stern: α Eri – Achernar ($0,5^m$, 144 LJ entfernt, in Mitteleuropa unsichtbar)
- ★ bekannter Doppelstern: o² Eri ($4,4^m/9,5^m$, Distanz 83 Bogensekunden)

Besonderheiten: Der Stern ε Eri gehört zu den 10 nächsten Nachbarsternen der Sonne.
o² Eri ist ein Dreifach-System; der hellere der beiden Begleiter ist der am leichtesten zu beobachtende Weiße Zwerg.

Das Sternbild **FISCHE** (lateinisch Pisces, Abk. Psc) kulminiert im September/Oktober gegen 24 Uhr.
Es grenzt im Norden an die Andromeda und den Pegasus, im Westen an den Pegasus und den Wassermann, im Süden an den Wassermann und den Walfisch sowie im Osten an den Walfisch, den Widder und das Dreieck.
Das äquatornahe Sternbild ist nördlich von 84 Grad und südlich von –56 Grad geografischer Breite nicht vollständig sichtbar.
Mit einer Fläche von 889 Quadratgrad steht es in der nach Größe sortierten Liste der Sternbilder auf Platz 14.

- ★ hellster Stern: η Psc ($3,6^m$, 294 LJ entfernt)
- ★ bekannter Doppelstern: α Psc ($4,2^m/5,3^m$, Distanz 1,9 Bogensekunden)

Besonderheit: Im Westteil des Sternbilds Fische liegt heute der Frühlingspunkt, jene Stelle am Himmel, an der die Sonne auf ihrem Weg entlang der Ekliptik alljährlich um den 21. März den Himmelsäquator nach Norden überquert.

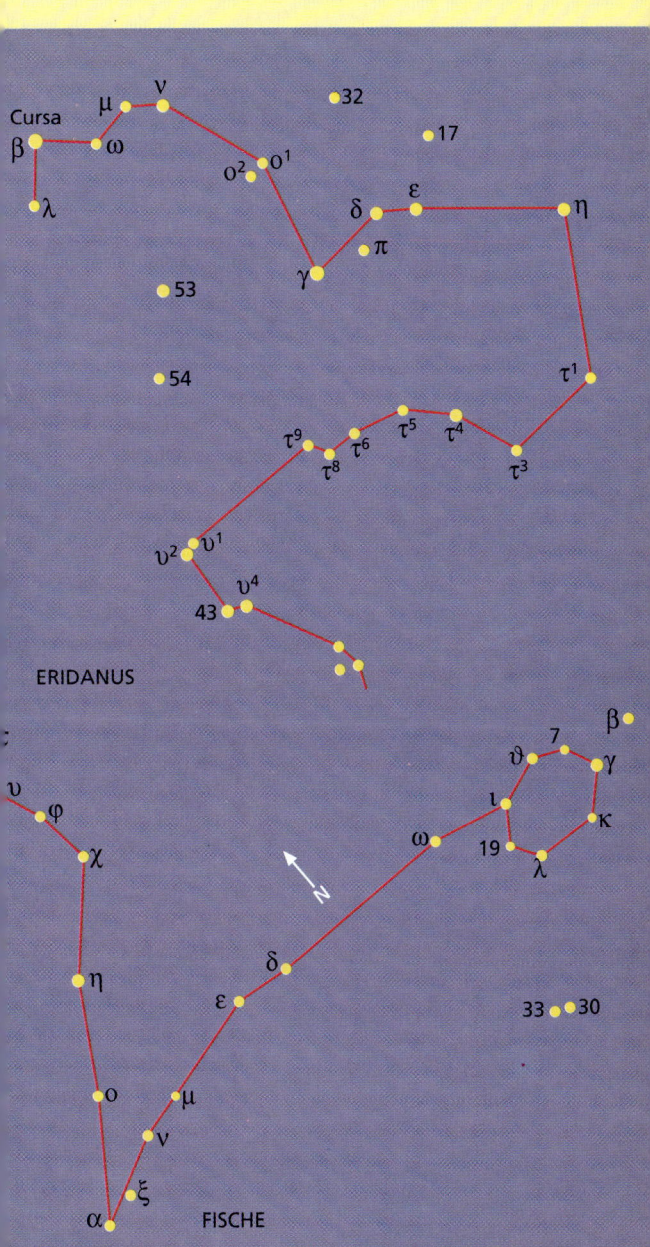

FÜCHSCHEN · FUHRMANN · FÜLLEN ·

Das Sternbild **FÜCHSCHEN** (lateinisch Vulpecula, Abk. Vul) kulminiert im Juli gegen 24 Uhr.
Es grenzt im Norden an den Schwan und die Leier, im Westen an den Herkules, im Süden an den Pfeil und den Delphin sowie im Osten an den Pegasus. Das Sternbild ist nördlich von 71 Grad geografischer Breite zirkumpolar, jenseits von −61 Grad dagegen nicht mehr vollständig sichtbar. Mit einer Fläche von 268 Quadratgrad steht es in der nach Größe sortierten Liste der Sternbilder auf Platz 55.

★ hellster Stern: α Vul (4,4^m, 296 LJ entfernt)

Das Sternbild **FUHRMANN** (lateinisch Auriga, Abk. Aur) kulminiert im Dezember gegen 24 Uhr.
Es grenzt im Norden an die Giraffe, im Westen an den Perseus, im Süden an den Stier und die Zwillinge sowie im Osten an den Luchs. Das Sternbild ist nördlich von 62 Grad geografischer Breite zirkumpolar, jenseits von −34 Grad dagegen nicht mehr vollständig sichtbar.
Mit einer Fläche von 657 Quadratgrad steht es in der nach Größe sortierten Liste der Sternbilder auf Platz 21.

★ hellster Stern: α Aur – Kapella (0,1^m, 42 LJ entfernt)

Das Sternbild **FÜLLEN** (lateinisch Equuleus, Abk. Equ) kulminiert im August gegen 24 Uhr.
Es grenzt im Norden an den Pegasus und den Delphin, im Westen an den Delphin, im Süden an den Wassermann sowie im Osten an den Pegasus. Das Sternbild ist nördlich von 88 Grad geografischer Breite zirkumpolar, jenseits von −77 Grad dagegen nicht mehr vollständig sichtbar.
Mit einer Fläche von 72 Quadratgrad steht es in der nach Größe sortierten Liste der Sternbilder auf Platz 87.

★ hellster Stern: α Equ – Kitalphar (3,9^m, 186 LJ entfernt)

Das Sternbild **GIRAFFE** (lateinisch Camelopardalis, Abk. Cam) kulminiert im Dezember gegen 24 Uhr.
Es grenzt im Norden an den Kleinen Bären und den Kepheus, im Westen an die Kassiopeia, im Süden an den Perseus, den Fuhrmann und den Luchs sowie im Osten an den Großen Bären, den Drachen und den Kleinen Bären. Das Sternbild ist nördlich von 37 Grad zirkumpolar, jenseits von −4 Grad dagegen nicht mehr vollständig sichtbar.
Mit einer Fläche von 757 Quadratgrad steht es in der nach Größe sortierten Liste der Sternbilder auf Platz 18.

★ hellster Stern: β Cam (4,0^m, 997 LJ entfernt)

GIRAFFE

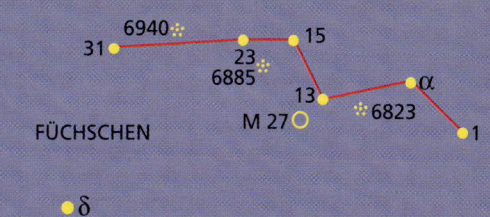
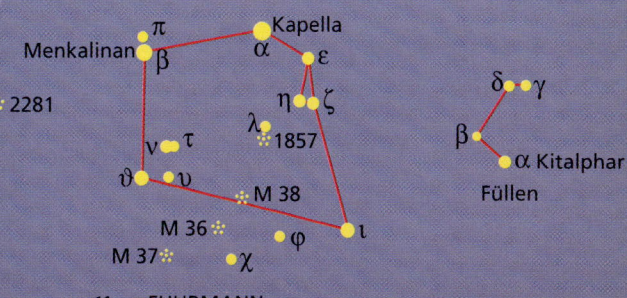
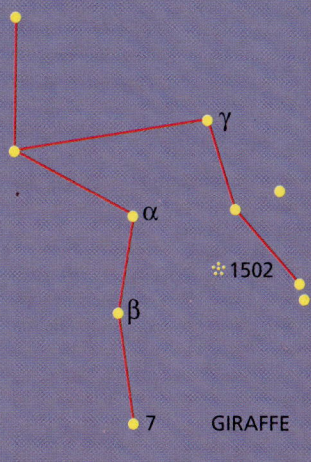

GROSSER BÄR · GROSSER HUND

Das Sternbild **GROSSER BÄR** (lateinisch Ursa Major, Abk. UMa) kulminiert im März gegen 24 Uhr.
Es grenzt im Norden an den Drachen und die Giraffe, im Westen an die Giraffe und den Luchs, im Süden an den Kleinen Löwen, den Löwen und die Jagdhunde sowie im Osten an das Haar der Berenike, die Jagdhunde, den Rinderhirten und den Drachen. Das Sternbild ist nördlich von 62 Grad geografischer Breite zirkumpolar, jenseits von −17 Grad dagegen nicht mehr vollständig sichtbar.
Mit einer Fläche von 1280 Quadratgrad steht es in der nach Größe sortierten Liste der Sternbilder auf Platz 3.

★ hellster Stern: α UMa – Dubhe ($1,8^m$, 124 LJ entfernt)
★ bekannter Doppelstern: ζ UMa – Mizar ($2,3^m/3,9^m$, Distanz 14,4 Bogensekunden)
★ hellster Nebel: M 81 – Spiralgalaxie ($6,9^m$)

Besonderheiten: Die sechs hellsten Sterne des Großen Bären formen zusammen mit δ UMa (Megrez) die Umrisse des Großen Wagens, des wohl bekanntesten „Sternbilds". Wenn Sie die Verbindung zwischen Merak und Dubhe, den beiden hinteren „Kastensternen", über Dubhe hinaus verlängern, treffen Sie in einiger Entfernung auf den Polarstern, der die Nordrichtung zeigt.
Neben Mizar (ζ UMa), dem mittleren Deichselstern, können Sie im Abstand von 11,7 Bogenminuten (= 1/3 Vollmonddurchmesser) mit bloßem Auge einen Begleiter, Alcor, erkennen.

Das Sternbild **GROSSER HUND** (lateinisch Canis Major, Abk. CMa) kulminiert im Januar gegen 24 Uhr.
Es grenzt im Norden an das Einhorn, im Westen an den Hasen und die Taube, im Süden an die Taube und das Hinterdeck sowie im Osten an das Hinterdeck. Das Sternbild ist südlich von −79 Grad geografischer Breite zirkumpolar, nördlich von 57 Grad ist es dagegen nicht mehr vollständig sichtbar.
Mit einer Fläche von 380 Quadratgrad steht es in der nach Größe sortierten Liste der Sternbilder auf Platz 43.

★ hellster Stern: α CMa – Sirius ($-1,4^m$, 9 LJ entfernt)
★ hellster Nebel: NGC 2362 – offener Haufen aus etwa 40 Sternen um τ CMa

HAAR DER BERENIKE · HASE ·

Das Sternbild **HAAR DER BERENIKE** (lateinisch Coma Berenices, Abk. Com) kulminiert im April gegen 24 Uhr.
Es grenzt im Norden an die Jagdhunde, im Westen an den Großen Bären und den Löwen, im Süden an die Jungfrau sowie im Osten an den Rinderhirten. Das Sternbild ist nördlich von 77 Grad geografischer Breite zirkumpolar, jenseits von −56 Grad dagegen nicht mehr vollständig sichtbar.
Mit einer Fläche von 386 Quadratgrad steht es in der nach Größe sortierten Liste der Sternbilder auf Platz 42.

★ hellster Stern: β Com (4,2^m, 30 LJ entfernt)

Das Sternbild **HASE** (lateinisch Lepus, Abk. Lep) kulminiert im Dezember gegen 24 Uhr.
Es grenzt im Norden an das Einhorn und den Orion, im Westen an den Eridanus, im Süden an den Grabstichel und die Taube sowie im Osten an den Großen Hund. Das Sternbild ist südlich von −11 Grad geografischer Breite zirkumpolar, nördlich von 63 Grad dagegen nicht mehr vollständig sichtbar.
Mit einer Fläche von 290 Quadratgrad steht es in der nach Größe sortierten Liste der Sternbilder auf Platz 51.

★ hellster Stern: α Lep − Arneb (2,6^m, 1285 LJ entfernt)

Das Sternbild **HERKULES** (lateinisch Hercules, Abk. Her) kulminiert im Juni gegen 24 Uhr.
Es grenzt im Norden an den Drachen, im Westen an den Rinderhirten, die Nördliche Krone und die Schlange, im Süden an den Schlangenträger sowie im Osten an den Adler, den Pfeil, das Füchschen und die Leier. Das Sternbild ist nördlich von 86 Grad geografischer Breite zirkumpolar, jenseits von −29 Grad dagegen nicht mehr vollständig sichtbar.
Mit einer Fläche von 1225 Quadratgrad steht es in der nach Größe sortierten Liste der Sternbilder auf Platz 5.

★ hellster Stern: α Her − Rasalgethi (2,8^{m}v, 382 LJ entfernt)
★ hellster Nebel: M 13 − kugelförmiger Sternhaufen (5,9^m), im Fernglas als verschwommen erscheinender Nebelfleck zu sehen, im Fernrohr Randpartien bei starker Vergrößerung in Sterne ab 11. Größe aufzulösen

HERKULES

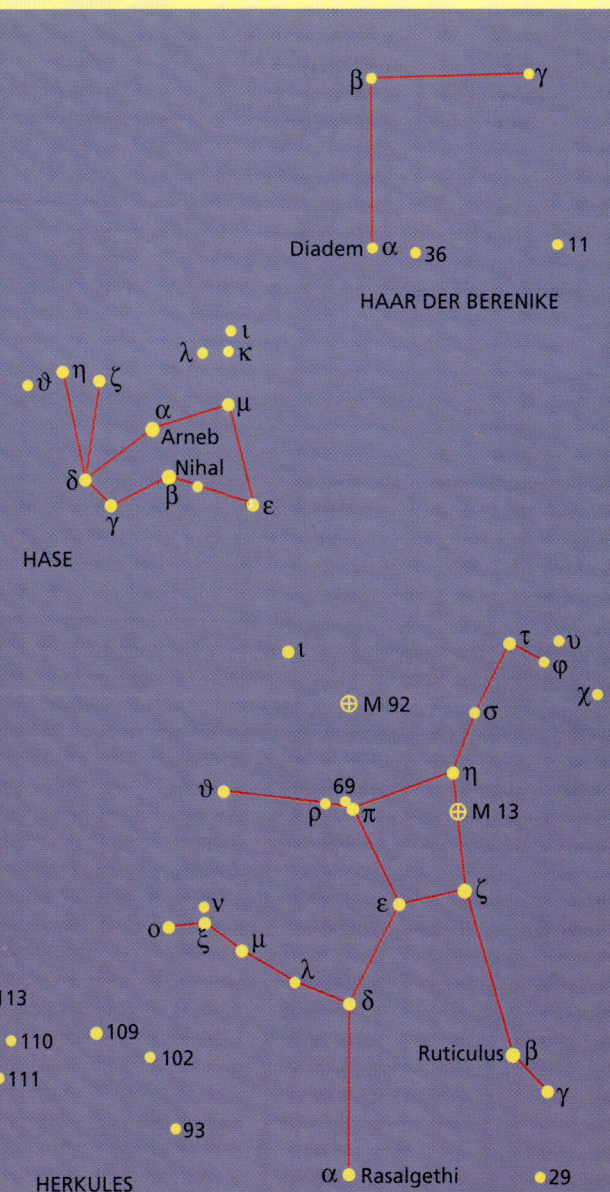

JAGDHUNDE · JUNGFRAU

Das Sternbild **JAGDHUNDE** (lateinisch Canes Venatici, Abk. CVn) kulminiert im April gegen 24 Uhr.
Es grenzt im Norden und Westen an den Großen Bären, im Süden an das Haar der Berenike sowie im Osten an den Rinderhirten. Das Sternbild ist nördlich von 62 Grad geografischer Breite zirkumpolar, jenseits von −38 Grad dagegen nicht mehr vollständig sichtbar.
Mit einer Fläche von 465 Quadratgrad steht es in der nach Größe sortierten Liste der Sternbilder auf Platz 38.

★ hellster Stern: α CVn – Cor Caroli ($2{,}9^m$, 110 LJ entfernt)
★ hellster Nebel: M 3 – kugelförmiger Sternhaufen ($6{,}4^m$), im Fernglas als Nebelfleck zu erkennen, Randgebiete im Fernrohr bei starker Vergrößerung aufzulösen

Das Sternbild **JUNGFRAU** (lateinisch Virgo, Abk. Vir) kulminiert im April gegen 24 Uhr.
Es grenzt im Norden an den Rinderhirten, das Haar der Berenike und den Löwen, im Westen an den Löwen und den Becher, im Süden an den Becher, den Raben, die Wasserschlange und die Waage sowie im Osten an die Waage und die Schlange. Das äquatornahe Sternbild ist nördlich von 67 Grad und südlich von −75 Grad geografischer Breite nicht vollständig sichtbar.
Mit einer Fläche von 1294 Quadratgrad steht es in der nach Größe sortierten Liste der Sternbilder auf Platz 2.

★ hellster Stern: α Vir – Spica ($1{,}0^m$, 262 LJ entfernt)
★ bekannter Doppelstern: γ Vir ($3{,}6^m/3{,}6^m$, Distanz 1,5 Bogensekunden)

Besonderheit: Der gegenseitige Abstand bei γ Vir geht bis zum Jahr 2006 auf 0,4 Bogensekunden zurück und steigt dann wieder rasch an (ab 2009 wieder mehr als 1 Bogensekunde); gleichzeitig verändert sich der Positionswinkel sehr stark.

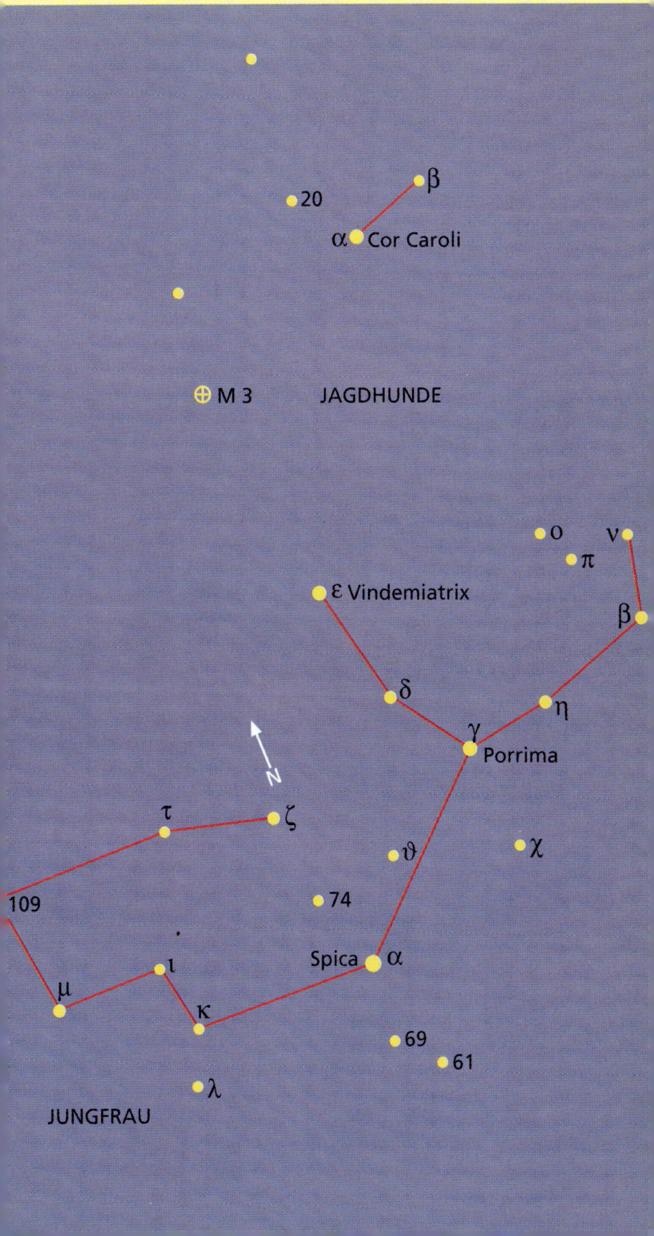
β
20
α Cor Caroli
M 3
JAGDHUNDE
ο
ν
π
ε Vindemiatrix
β
δ
η
γ
Porrima
N
τ
ζ
ϑ
χ
109
74
Spica
α
ι
μ
κ
69
61
λ
JUNGFRAU

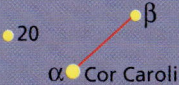

KASSIOPEIA · KEPHEUS

Das Sternbild **KASSIOPEIA** (lateinisch Cassiopeia, Abk. Cas) kulminiert im Norden gegen 24 Uhr.
Es grenzt im Norden an den Kepheus, im Westen an den Kepheus und die Eidechse, im Süden an die Andromeda und den Perseus sowie im Osten an die Giraffe. Das Sternbild ist nördlich von 44 Grad geografischer Breite zirkumpolar, jenseits von −12 Grad dagegen nicht mehr vollständig sichtbar.
Mit einer Fläche von 598 Quadratgrad steht es in der nach Größe sortierten Liste der Sternbilder auf Platz 25.

★ hellster Stern: α Cas – Schedir (2,2^m, 228 LJ entfernt)
★ hellster Nebel: NGC 457 – offener Haufen mit etwa 100 Sternen ab 8. Größe

Das Sternbild **KEPHEUS** (lateinisch Cepheus, Abk. Cep) kulminiert im August/September gegen 24 Uhr.
Es grenzt im Norden an den Kleinen Bären, im Westen an den Drachen, im Süden an den Schwan und die Eidechse sowie im Osten an die Kassiopeia und die Giraffe. Das Sternbild ist nördlich von 37 Grad geografischer Breite zirkumpolar, jenseits von −2 Grad dagegen nicht mehr vollständig sichtbar.
Mit einer Fläche von 588 Quadratgrad steht es in der nach Größe sortierten Liste der Sternbilder auf Platz 27.

★ hellster Stern: α Cep – Alderamin (2,5^m, 49 LJ entfernt)
★ bekannter Veränderlicher: δ Cep (3,6^m-4,5^m, Periode 5,37 Tage)
★ hellster Nebel: IC 1396 – lockere Sternwolke mit umgebendem Nebel

Besonderheit: Der Veränderliche δ Cep ist der Prototyp einer ganzen Klasse von veränderlichen Sternen, die als Pulsationsveränderliche bezeichnet werden. Bei solchen Sternen dehnt sich die äußere Hülle regelmäßig aus und zieht sich anschließend wieder zusammen.

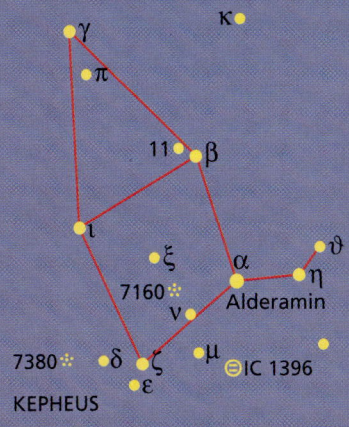

KLEINER BÄR · KLEINER HUND ·

Das Sternbild **KLEINER BÄR** (lateinisch Ursa Minor, Abk. UMi) kulminiert im Mai gegen 24 Uhr.
Es grenzt im Westen an die Giraffe und den Drachen, im Süden an den Drachen und den Kepheus sowie im Osten an den Drachen. Das Sternbild ist nördlich von 26 Grad geografischer Breite zirkumpolar, südlich des Äquators dagegen nicht mehr vollständig sichtbar.
Mit einer Fläche von 256 Quadratgrad steht es in der nach Größe sortierten Liste der Sternbilder auf Platz 56.

★ hellster Stern: α UMi – Polaris (2,0^m, 431 LJ entfernt)

Besonderheit: Der Polarstern (Polaris) steht zu Beginn des 3. Jahrtausends etwa 0,75 Grad neben dem Himmelsnordpol, weist aber nur vorübergehend die Nordrichtung – nur so lange nämlich, wie die langsam kreiselnde Erdachse etwa in seine Richtung zeigt. Der Abstand zwischen Himmelspol und Polarstern schrumpft bis zum Beginn des 22. Jahrhunderts noch bis auf 0,46 Grad oder 27,5 Bogenminuten und nimmt dann wieder langsam zu.

Das Sternbild **KLEINER HUND** (lateinisch Canis Minor, Abk. CMi) kulminiert im Januar gegen 24 Uhr.
Es grenzt im Norden an die Zwillinge, im Westen an das Einhorn, im Süden an das Einhorn sowie im Osten an die Wasserschlange und den Krebs. Das Sternbild ist nur am Nordpol zirkumpolar, jenseits von −77 Grad geografischer Breite dagegen nicht mehr vollständig sichtbar.
Mit einer Fläche von 183 Quadratgrad steht es in der nach Größe sortierten Liste der Sternbilder auf Platz 71.

★ hellster Stern: α CMi – Procyon (0,4^m, 11 LJ entfernt)

Besonderheit: Procyon, der hellste Stern im Kleinen Hund, gehört zu den 20 nächsten Nachbarsternen der Sonne; er wird von einem weißen Zwergstern begleitet.

Das Sternbild **KLEINER LÖWE** (lateinisch Leo Minor, Abk. LMi) kulminiert im Februar/März gegen 24 Uhr.
Es grenzt im Norden an den Großen Bären, im Westen an den Luchs, im Süden an den Löwen sowie im Osten an den Großen Bären. Das Sternbild ist nördlich von 67 Grad geografischer Breite zirkumpolar, jenseits von −48 Grad dagegen nicht mehr vollständig sichtbar.
Mit einer Fläche von 232 Quadratgrad steht es in der nach Größe sortierten Liste der Sternbilder auf Platz 64.

★ hellster Stern: 46 LMi (3,8^m, 98 LJ entfernt)

KLEINER LÖWE

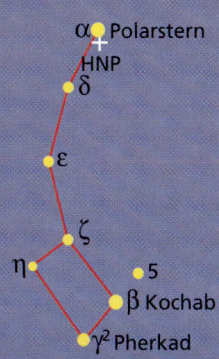

KLEINER BÄR

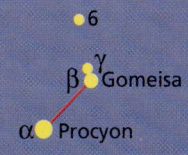

KLEINER HUND

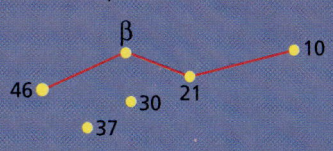

KLEINER LÖWE

KREBS · LEIER · LÖWE

Das Sternbild **KREBS** (lateinisch Cancer, Abk. Cnc) kulminiert im Januar/Februar gegen 24 Uhr.
Es grenzt im Norden an den Luchs, im Westen an die Zwillinge und den Kleinen Hund, im Süden an die Wasserschlange sowie im Osten an den Löwen. Das Sternbild ist nördlich von 84 Grad geografischer Breite zirkumpolar, jenseits von −57 Grad dagegen nicht mehr vollständig sichtbar. Mit einer Fläche von 506 Quadratgrad steht es in der nach Größe sortierten Liste der Sternbilder auf Platz 31.

★ hellster Stern: β Cnc − Altarf (3,5^m, 290 LJ entfernt)
★ hellster Nebel: M 44 − *Praesepe*, offener Haufen, dessen hellste Sterne der 6. Größenklasse angehören

Das Sternbild **LEIER** (lateinisch Lyra, Abk. Lyr) kulminiert im Juli gegen 24 Uhr.
Es grenzt im Norden an den Drachen, im Westen an den Herkules, im Süden an den Herkules und das Füchschen sowie im Osten an den Schwan. Das Sternbild ist nördlich von 65 Grad geografischer Breite zirkumpolar, jenseits von −42 Grad dagegen nicht mehr vollständig sichtbar.
Mit einer Fläche von 286 Quadratgrad steht es in der nach Größe sortierten Liste der Sternbilder auf Platz 52.

★ hellster Stern: α Lyr − Wega (0,0^m, 25 LJ entfernt)
★ bekannter Doppelstern: ε^1/ε^2 Lyr (4,8^m/4,6^m, Distanz 209 Bogenminuten, mit guten Augen zu erkennen)

Besonderheit: Der Doppelstern ε^1/ε^2 Lyr erscheint in einem Fernrohr bei ausreichender Vergrößerung als Vierfachstern. Jeder der beiden Partner erweist sich noch einmal als ein enges Sternpaar (ε^1: 5,1^m/6,2^m, Distanz 2,5 Bogensekunden, ε^2: 5,3^m/5,5^m, Distanz 2,3 Bogensekunden).

Das Sternbild **LÖWE** (lateinisch Leo, Abk. Leo) kulminiert im Februar/März gegen 24 Uhr.
Es grenzt im Norden an den Großen Bären und den Kleinen Löwen, im Westen an den Krebs, im Süden an die Wasserschlange, den Sextanten und den Becher sowie im Osten an die Jungfrau und das Haar der Berenike. Das äquatornahe Sternbild ist nördlich von 83 Grad und jenseits von −56 Grad geografischer Breite nicht vollständig sichtbar. Mit einer Fläche von 947 Quadratgrad steht es in der nach Größe sortierten Liste der Sternbilder auf Platz 12.

★ hellster Stern: α Leo − Regulus (1,4^m, 78 LJ entfernt)
★ bekannter Veränderlicher: R Leo (4,7^m-8,1^m, Periode 310 Tage)

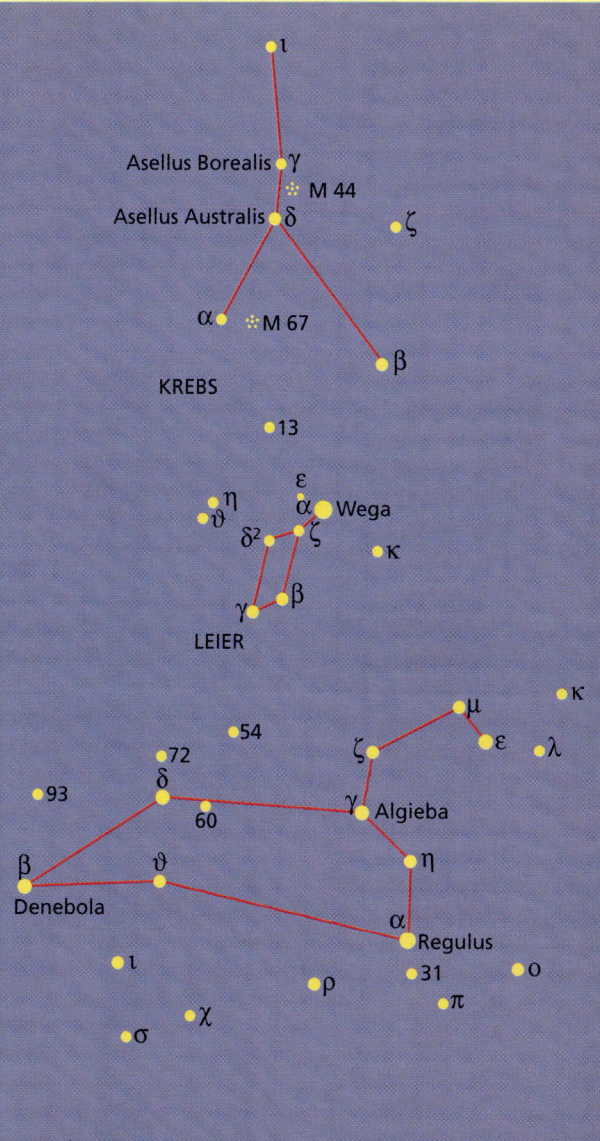

LUCHS · NÖRDLICHE KRONE ·

Das Sternbild **LUCHS** (lateinisch Lynx, Abk. Lyn) kulminiert im Januar gegen 24 Uhr.
Es grenzt im Norden an den Großen Bären und die Giraffe, im Westen an die Giraffe und den Fuhrmann, im Süden an die Zwillinge und den Krebs sowie im Osten an den Kleinen Löwen und den Großen Bären. Das Sternbild ist nördlich von 57 Grad geografischer Breite zirkumpolar, jenseits von −28 Grad dagegen nicht mehr vollständig sichtbar.
Mit einer Fläche von 545 Quadratgrad steht es in der nach Größe sortierten Liste der Sternbilder auf Platz 28.

★ hellster Stern: α Lyn (3,1^m, 222 LJ entfernt)

Das Sternbild **NÖRDLICHE KRONE** (lateinisch Corona Borealis, Abk. CrB) kulminiert im Mai gegen 24 Uhr.
Es grenzt im Norden an den Herkules und den Rinderhirten, im Westen an den Rinderhirten, im Süden an die Schlange sowie im Osten an den Herkules. Das Sternbild ist nördlich von 64 Grad geografischer Breite zirkumpolar, jenseits von −50 Grad dagegen nicht mehr vollständig sichtbar.
Mit einer Fläche von 179 Quadratgrad steht es in der nach Größe sortierten Liste der Sternbilder auf Platz 73.

★ hellster Stern: α CrB – Alphekka (2,2^m, 75 LJ entfernt)

Das Sternbild **ORION** (lateinisch Orion, Abk. Ori) kulminiert im Dezember gegen 24 Uhr.
Es grenzt im Norden an den Stier, im Westen an den Stier und den Eridanus, im Süden an den Hasen sowie im Osten an das Einhorn und die Zwillinge. Das äquatornahe Sternbild ist nördlich von 79 Grad und südlich von −67 Grad geografischer Breite nicht vollständig sichtbar.
Mit einer Fläche von 594 Quadratgrad steht es in der nach Größe sortierten Liste der Sternbilder auf Platz 26.

★ hellster Stern: β Ori – Rigel (0,2^m, 773 LJ entfernt)
★ hellster Nebel: M 42 – *Orion-Nebel*, ein leuchtender Gasnebel, der von jungen, heißen Sternen zum Leuchten angeregt wird; eingelagert das „Trapez"

Besonderheit: Der *Orion-Nebel* gilt als Sternentstehungsgebiet, in dem auch heute noch neue Sterne entstehen. So konnten mit Infrarot-Beobachtungen rund 600 noch unfertige Protosterne gefunden werden. Viele sind von flachen Staubscheiben umgeben, aus denen sich einmal Planeten entwickeln können.

ORION

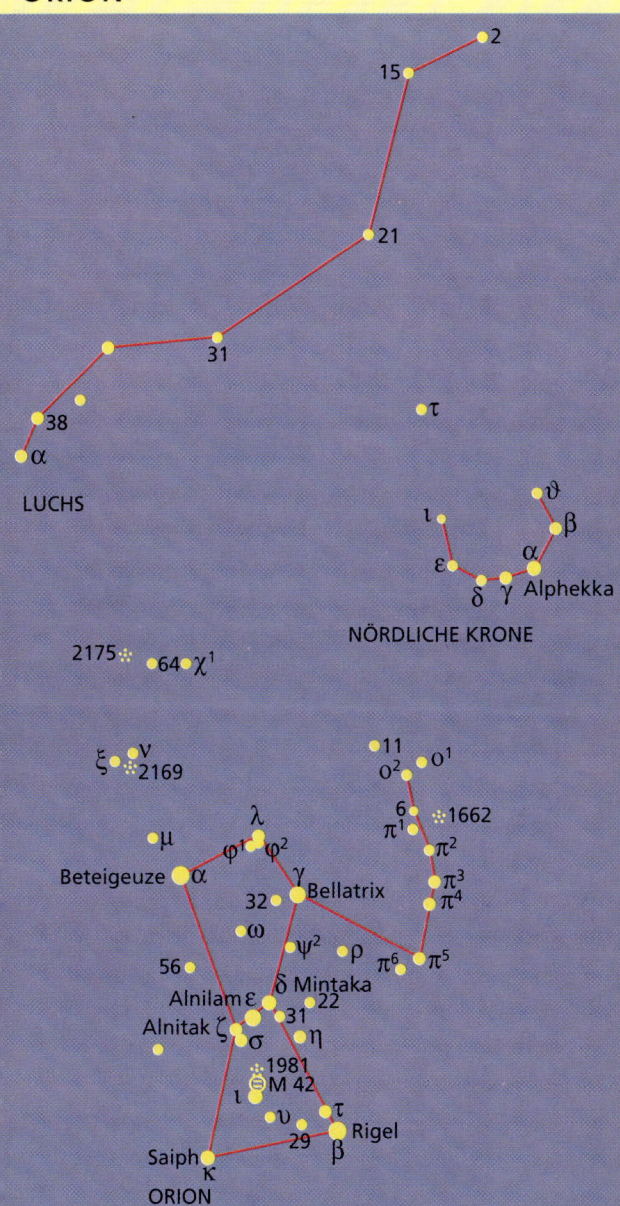

PEGASUS · PERSEUS

Das Sternbild **PEGASUS** (lateinisch Pegasus, Abk. Peg) kulminiert im August/September gegen 24 Uhr.
Es grenzt im Norden an die Andromeda und die Eidechse, im Westen an den Schwan, das Füchschen, den Delphin und das Füllen, im Süden an den Wassermann und die Fische sowie im Osten an die Fische und die Andromeda. Das Sternbild ist nördlich von 88 Grad geografischer Breite zirkumpolar, jenseits von −53 Grad dagegen nicht mehr vollständig sichtbar.
Mit einer Fläche von 1121 Quadratgrad steht es in der nach Größe sortierten Liste der Sternbilder auf Platz 7.

★ hellster Stern: β Peg – Scheat ($2,3^m$v, 199 LJ entfernt)
★ hellster Nebel: M 15 – kugelförmiger Sternhaufen ($6,4^m$)

Das Sternbild **PERSEUS** (lateinisch Perseus, Abk. Per) kulminiert im November gegen 24 Uhr.
Es grenzt im Norden an die Giraffe und die Kassiopeia, im Westen an die Kassiopeia, die Andromeda und das Dreieck, im Süden an den Widder und den Stier sowie im Osten an den Fuhrmann. Das Sternbild ist nördlich von 59 Grad geografischer Breite zirkumpolar, jenseits von −31 Grad dagegen nicht mehr vollständig sichtbar.
Mit einer Fläche von 615 Quadratgrad steht es in der nach Größe sortierten Liste der Sternbilder auf Platz 24.

★ hellster Stern: α Per – Mirphak ($1,8^m$, 592 LJ entfernt)
★ bekannter Veränderlicher: β Per – Algol ($2,1^m$-$3,2^m$, Periode 2,87 Tage)
★ hellste Nebel: NGC 869 – offener Sternhaufen mit etwa 300 Sternen der 7. bis 14. Größe (h Per); NGC 884 – offener Sternhaufen mit etwa 300 Sternen ab 7. Größe (chi Per)

Besonderheit: Algol ist der Prototyp einer ganzen Klasse von veränderlichen Sternen, der sogenannten Bedeckungsveränderlichen. Dort umkreisen sich zwei Sterne so, daß wir nahezu auf die Kante der Umlaufbahn blicken und die beiden Sterne einander regelmäßig gegenseitig ganz oder teilweise abdecken. Wenn – wie bei Algol – die beiden Sterne sehr unterschiedlicher Helligkeit sind, fällt das Hauptminimum (dunkler Stern vor hellem Partner) wesentlich stärker aus als das Nebenminimum (heller Stern vor dunklem Partner). Bei Algol dauert die Bedeckung vom Beginn der partiellen Verfinsterung bis zu deren Ende etwa 9 Stunden.

α AND
π2
η
β
Scheat
ψ
υ
τ
μ
λ
ι
κ
2
1
9
α
Markab
lgenib
70
ξ
ζ
M 15
Enif
ε
55
ϑ
PEGASUS

884
869
η
γ
τ
φ
1444
1528
1545
λ
Mirphak
34
α
ι
ϑ
μ
48
δ
ψ
σ
1582
κ
58
ν
M 34
52
β
Algol
ε
π
ω
ρ
16
1342
ξ
17
ζ
o
PERSEUS

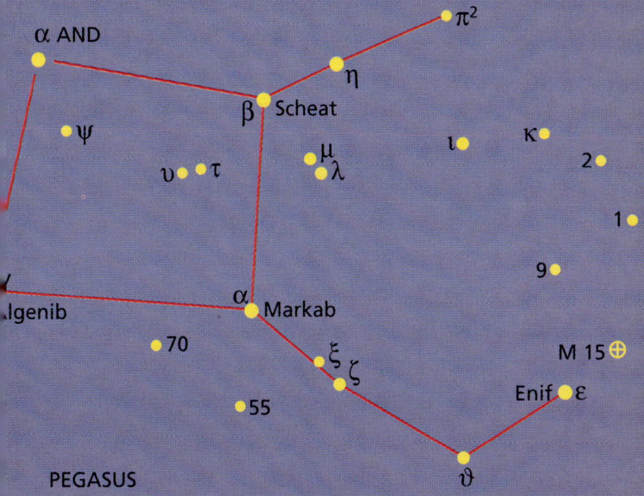

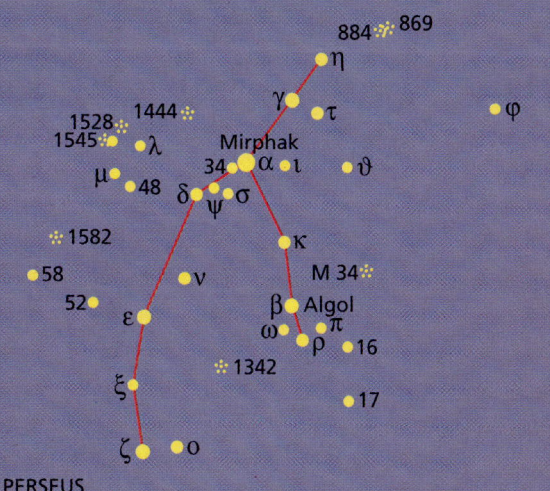

PFEIL · RABE · RINDERHIRTE ·

Das Sternbild **PFEIL** (lateinisch Sagitta, Abk. Sge) kulminiert im Juli gegen 24 Uhr.
Es grenzt im Norden an das Füchschen, im Westen an den Herkules, im Süden an den Adler sowie im Osten an den Delphin. Das Sternbild ist nördlich von 74 Grad geografischer Breite zirkumpolar, jenseits von –68 Grad dagegen nicht mehr vollständig sichtbar.
Mit einer Fläche von 80 Quadratgrad steht es in der nach Größe sortierten Liste der Sternbilder auf Platz 86.

★ hellster Stern: γ Sge ($3,5^m$, 274 LJ entfernt)

Das Sternbild **RABE** (lateinisch Corvus, Abk. Crv) kulminiert im März/April gegen 24 Uhr.
Es grenzt im Norden an die Jungfrau, im Westen an den Becher, im Süden an die Wasserschlange sowie im Osten an die Jungfrau. Das Sternbild ist südlich von –78 Grad geografischer Breite zirkumpolar, nördlich von 65 Grad dagegen nicht mehr vollständig sichtbar.
Mit einer Fläche von 184 Quadratgrad steht es in der nach Größe sortierten Liste der Sternbilder auf Platz 70.

★ hellster Stern: γ Crv – Gienah ($2,6^m$, 165 LJ entfernt)

Das Sternbild **RINDERHIRTE** (lateinisch Bootes, Abk. Boo) kulminiert im April/Mai gegen 24 Uhr.
Es grenzt im Norden an den Drachen und den Großen Bären, im Westen an die Jagdhunde, das Haar der Berenike und die Jungfrau, im Süden an die Jungfrau sowie im Osten an die Schlange und die Nördliche Krone. Das Sternbild ist nördlich von 83 Grad zirkumpolar, jenseits von –35 Grad dagegen nicht mehr vollständig sichtbar.
Mit einer Fläche von 907 Quadratgrad steht es in der nach Größe sortierten Liste der Sternbilder auf Platz 13.

★ hellster Stern: α Boo – Arktur ($-0,1^m$, 37 LJ entfernt)

Das Sternbild **SCHILD** (lateinisch Scutum, Abk. Sct) kulminiert im Juli gegen 24 Uhr.
Es grenzt im Norden an den Adler und die Schlange, im Westen an die Schlange, im Süden an den Schützen sowie im Osten an den Adler. Das Sternbild ist südlich von –86 Grad geografischer Breite zirkumpolar, nördlich von 74 Grad dagegen nicht mehr vollständig sichtbar.
Mit einer Fläche von 109 Quadratgrad steht es in der nach Größe sortierten Liste der Sternbilder auf Platz 84.

★ hellster Stern: α Sct ($3,9^m$, 174 LJ entfernt)

SCHILD

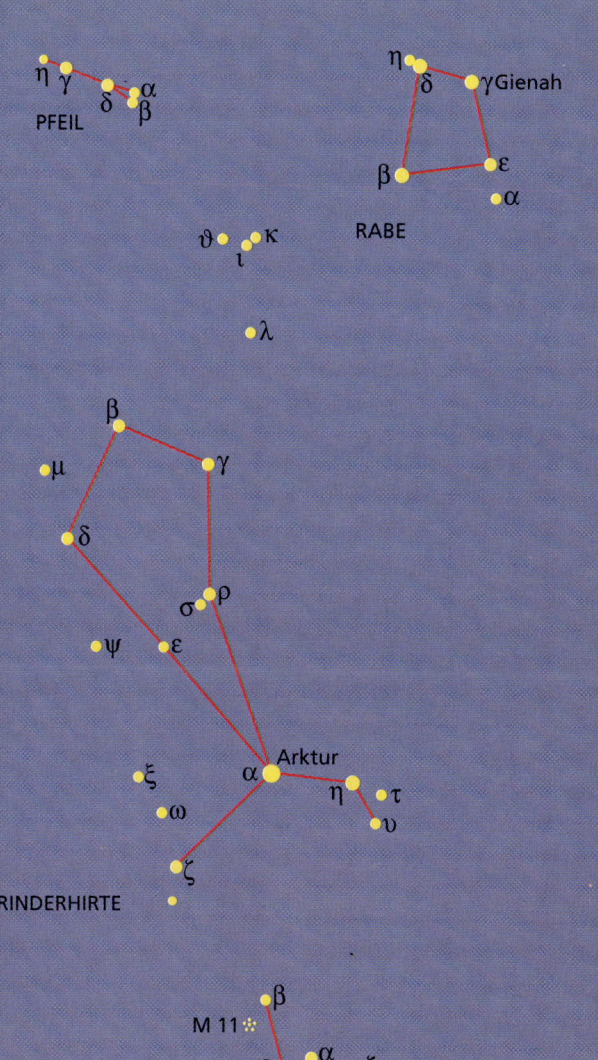

SCHLANGE · SCHLANGENTRÄGER

Das Teilsternbild KOPF DER **SCHLANGE** (lateinisch Serpens Caput, Abk. Ser) kulminiert im Mai gegen 24 Uhr.
Es grenzt im Norden an die Nördliche Krone, im Westen an den Rinderhirten und die Jungfrau, im Süden an die Waage sowie im Osten an den Schlangenträger und den Herkules. Das Teilsternbild ist nördlich von 87 Grad geografischer Breite zirkumpolar, jenseits von −65 Grad dagegen nicht mehr vollständig sichtbar.
Mit einer Fläche von 637 Grad steht die Schlange in der nach Größe sortierten Liste der Sternbilder auf Platz 23.

★ hellster Stern: α Ser – Unukalhai (2,6^m, 73 LJ entfernt)
★ hellster Nebel: M 5 – kugelförmiger Sternhaufen, mit 5,8^m hellster Kugelhaufen nördlich des Himmelsäquators, leicht aufzulösen in Sterne ab 11. Größe

Das Teilsternbild SCHWANZ DER **SCHLANGE** (lateinisch Serpens Cauda, Abk. Ser) kulminiert im Juni/Juli gegen 24 Uhr.
Der Schwanz der Schlange grenzt im Norden und Westen an den Schlangenträger, im Süden an den Schützen sowie im Osten an den Schild und den Adler. Das äquatornahe Teilsternbild ist nördlich von 74 Grad und südlich von −84 Grad geografischer Breite nicht vollständig sichtbar.

★ hellster Stern: η Ser (3,2^m, 62 LJ entfernt)
★ hellster Nebel: M 16 – offener Haufen aus etwa 60 Sternen ab 8. Größe, mit umgebendem Gasnebel *(Adler-Nebel)*

Das Sternbild **SCHLANGENTRÄGER** (lateinisch Ophiuchus, Abk. Oph) kulminiert im Juni gegen 24 Uhr.
Es grenzt im Norden an den Herkules, im Westen an die Schlange, die Waage und den Skorpion, im Süden an den Skorpion sowie im Osten an den Schützen, die Schlange und den Adler. Das Sternbild ist nördlich von 60 Grad und jenseits von −76 Grad geografischer Breite nicht vollständig sichtbar.
Mit einer Fläche von 948 Quadratgrad steht es in der nach Größe sortierten Liste der Sternbilder auf Platz 11.

★ hellster Stern: α Oph – Rasalhague (2,1^m, 47 LJ entfernt)
★ hellste Nebel: NGC 6633 – offener Haufen mit etwa 65 Sternen ab 7. Größe
M 10 – kugelförmiger Sternhaufen (6,6^m)
M 12 – kugelförmiger Sternhaufen (6,6^m)

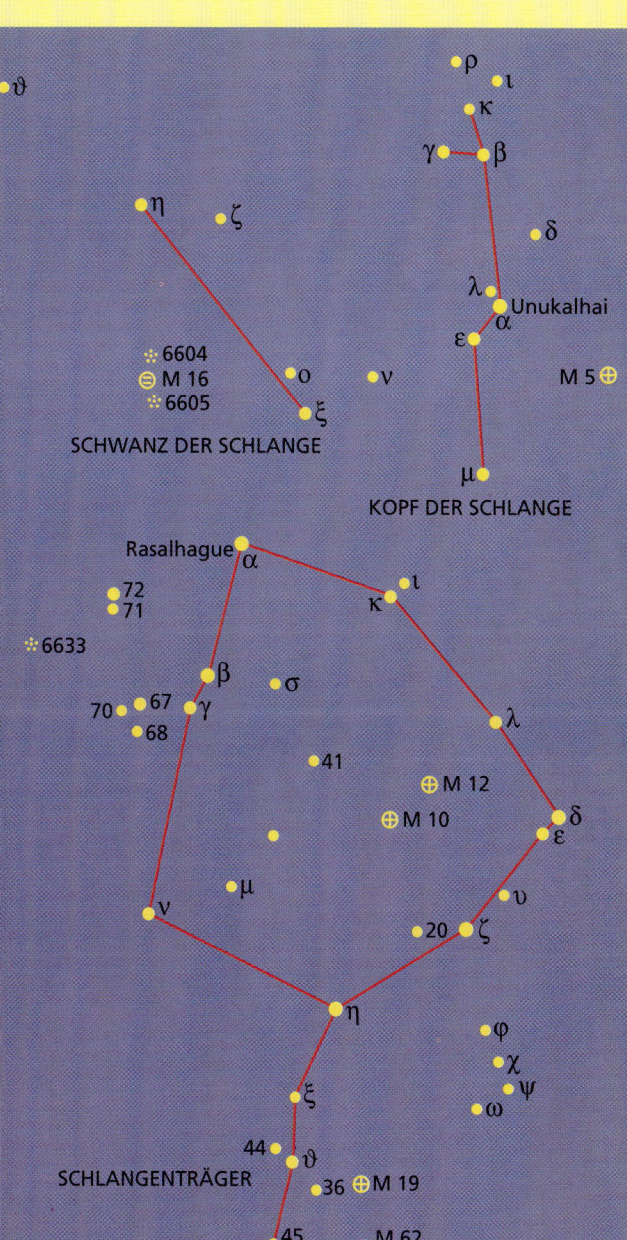

SCHÜTZE · SCHWAN

Das Sternbild **SCHÜTZE** (lateinisch Sagittarius, Abk. Sgr) kulminiert im Juli gegen 24 Uhr.
Es grenzt im Norden an den Adler, den Schild und die Schlange, im Westen an den Schlangenträger und den Skorpion, im Süden an die Südliche Krone und das Teleskop sowie im Osten an das Mikroskop und den Steinbock. Das Sternbild ist südlich von −78 Grad geografischer Breite zirkumpolar und nördlich von 45 Grad nicht mehr vollständig sichtbar.
Mit einer Fläche von 867 Quadratgrad steht es in der nach Größe sortierten Liste der Sternbilder auf Platz 15.

★ hellster Stern: ε Sgr – Kaus Australis (1,8^m, 145 LJ entfernt)
★ hellste Nebel: NGC 6530 – offener Haufen mit etwa 25 Sternen ab 7. Größe in M 8
M 22 – kugelförmiger Sternhaufen (5,1^m)
M 23 – offener Haufen mit etwa 100 Sternen ab 9. Größe
M 8 – *Lagunen-Nebel*, diffuser Gasnebel (5,8^m) mit Sternhaufen im östlichen Teil

Besonderheit: In Richtung zum Sternbild Schütze befindet sich das Zentrum der Milchstraße in einer Entfernung von rund 25 000 Lichtjahren.

Das Sternbild **SCHWAN** (lateinisch Cygnus, Abk. Cyg) kulminiert im Juli/August gegen 24 Uhr.
Es grenzt im Norden an den Kepheus und den Drachen, im Westen an den Drachen und die Leier, im Süden an das Füchschen und den Pegasus sowie im Osten an den Pegasus und die Eidechse. Das Sternbild ist nördlich von 62 Grad geografischer Breite zirkumpolar, jenseits von −29 Grad dagegen nicht mehr vollständig sichtbar.
Mit einer Fläche von 804 Quadratgrad steht es in der nach Größe sortierten Liste der Sternbilder auf Platz 16.

★ hellster Stern: α Cyg – Deneb (1,3^m, 3200 LJ entfernt)
★ bekannter Doppelstern: β Cyg – Albireo (3,1^m/5,1^m, Distanz 34,5 Bogensekunden)
★ hellster Nebel: M 39 – offener Haufen mit etwa 25 Sternen ab 7. Größe

Besonderheit: Der Doppelstern Albireo kann schon mit einem lichtstarken Fernglas als farblich schön kontrastierendes Sternpaar erkannt werden.

υ
ρ1
43
π
ο
ξ2
6716
M 25
M 17
M 18
6595
M 23
μ
M 22
M 21
M 20
M 28
4
Nunki
λ
6530 + M 8
ω
52
τ
σ
φ
59
62
ζ
δ
3
γ1
γ2
M 55
ε
ϑ1
6723
η
α
ι
β1
β2
SCHÜTZE

33
κ
ι2
π1
ϑ
π2
M 39
7082
63
32
6811
30
ρ
α
Deneb
δ
ξ
57
6910
ν
6819
σ
Sadr
γ
τ
M 29
7063
λ
6871
η
8
υ
ε
47
39
ζ
52
41
φ
μ
Albireo
β
SCHWAN

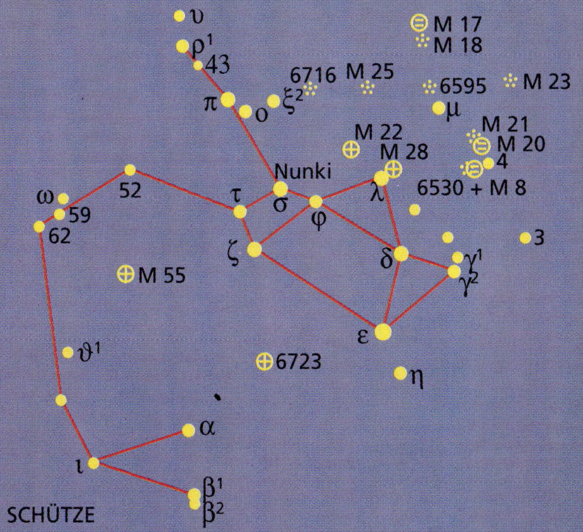

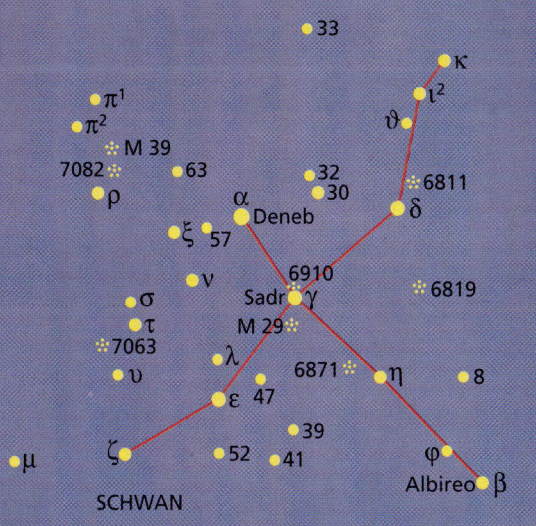

SEXTANT · SKORPION · STEINBOCK

Das Sternbild **SEXTANT** (lateinisch Sextans, Abk. Sex) kulminiert im Februar/März gegen 24 Uhr.
Es grenzt im Norden an den Löwen, im Westen an die Wasserschlange, im Süden an die Wasserschlange sowie im Osten an den Becher und den Löwen. Das äquatornahe Sternbild ist nördlich von 78 Grad und südlich von −84 Grad geografischer Breite nicht vollständig sichtbar.
Mit einer Fläche von 314 Quadratgrad steht es in der nach Größe sortierten Liste der Sternbilder auf Platz 47.

★ hellster Stern: α Sex (4,5^m, 287 LJ entfernt)

Das Sternbild **SKORPION** (lateinisch Scorpius, Abk. Sco) kulminiert im Juni gegen 24 Uhr.
Es grenzt im Norden an den Schlangenträger, im Westen an die Waage und den Wolf, im Süden an das Winkelmaß und den Altar sowie im Osten an die Südliche Krone und den Schützen. Das Sternbild ist südlich von −82 Grad geografischer Breite zirkumpolar und nördlich von 44 Grad nicht mehr vollständig sichtbar.
Mit einer Fläche von 497 Quadratgrad steht es in der nach Größe sortierten Liste der Sternbilder auf Platz 33.

★ hellster Stern: α Sco – Antares (2,6^m, 604 LJ entfernt)
★ bekannter Doppelstern: β Sco (2,6^m/4,9^m, Distanz 13,7 Bogensekunden)
★ hellste Nebel: M 7 – offener Haufen mit etwa 50 Sternen ab 7. Größe, mit bloßem Auge zu sehen
M 6 – offener Haufen mit etwa 50 Sternen ab 7. Größe
NGC 6124 – offener Haufen mit etwa 100 Sternen ab 9. Größe
M 4 – kugelförmiger Sternhaufen (5,9^m)

Das Sternbild **STEINBOCK** (lateinisch Capricornus, lat. Cap) kulminiert im August gegen 24 Uhr.
Es grenzt im Norden an den Wassermann und den Adler, im Westen an den Adler und den Schützen, im Süden an den Schützen, das Mikroskop und den Südlichen Fisch sowie im Osten an den Wassermann. Das Sternbild ist südlich von −81 Grad geografischer Breite zirkumpolar, nördlich von 62 Grad dagegen nicht mehr vollständig sichtbar.
Mit einer Fläche von 414 Quadratgrad steht es in der nach Größe sortierten Liste der Sternbilder auf Platz 40.

★ hellster Stern: δ Cap – Deneb Algiedi (2,8^m, 39 LJ entfernt)

STIER · SÜDLICHER FISCH · WAAGE

Das Sternbild **STIER** (lateinisch Taurus, Abk. Tau) kulminiert im November/Dezember gegen 24 Uhr.
Es grenzt im Norden an den Fuhrmann und den Perseus, im Westen an den Widder und den Walfisch, im Süden an den Eridanus und den Orion sowie im Osten an den Orion und die Zwillinge. Das Sternbild ist nördlich von 89 Grad und südlich von −59 Grad geografischer Breite nicht vollständig sichtbar.
Mit einer Fläche von 797 Quadratgrad steht es in der nach Größe sortierten Liste der Sternbilder auf Platz 17.

★ hellster Stern: α Tau – Aldebaran (0,9^m, 65 LJ entfernt)

Besonderheit: Das Sternbild Stier enthält zwei offene Sternhaufen, die so nahe stehen, daß sie uns nicht als „Nebel" erscheinen: Bei den *Plejaden* (dem Siebengestirn) sehen Sie mit bloßem Auge 6 bis 9 Sterne, im Fernglas mehr als 50, bei den *Hyaden* (dem Regengestirn) mit bloßem Auge etwa 20, im Fernglas mehr als 100 Sterne.

Das Sternbild **SÜDLICHER FISCH** (lateinisch Piscis Austrinus, Abk. PsA) kulminiert im August/September gegen 24 Uhr.
Es grenzt im Norden an den Wassermann und den Steinbock, im Westen an den Steinbock und das Mikroskop, im Süden an den Kranich sowie im Osten an den Bildhauer. Das Sternbild ist südlich von −65 Grad geografischer Breite zirkumpolar, nördlich von 54 Grad dagegen nicht mehr vollständig sichtbar.
Mit einer Fläche von 245 Quadratgrad steht es in der nach Größe sortierten Liste der Sternbilder auf Platz 60.

★ hellster Stern: α PsA – Fomalhaut (1,7^m, 25 LJ entfernt)

Das Sternbild **WAAGE** (lateinisch Libra, Abk. Lib) kulminiert im Mai gegen 24 Uhr.
Es grenzt im Norden an die Schlange und die Jungfrau, im Westen an die Jungfrau, im Süden an die Wasserschlange und den Wolf sowie im Osten an den Skorpion und den Schlangenträger. Das Sternbild Waage ist am Südpol zirkumpolar, nördlich von 60 Grad geografischer Breite dagegen nicht mehr vollständig sichtbar.
Mit einer Fläche von 538 Quadratgrad steht es in der nach Größe sortierten Liste der Sternbilder auf Platz 29.

★ hellster Stern: β Lib – Zuben Elschemali (2,6^m, 160 LJ)
★ bekannter Doppelstern: α Lib (2,8^m/5,2^m, Distanz 31 Bogensekunden)

WALFISCH · WASSERMANN

Das Sternbild **WALFISCH** (lateinisch Cetus, Abk. Cet) kulminiert im Oktober gegen 24 Uhr.
Es grenzt im Norden an den Widder und die Fische, im Westen an den Wassermann, im Süden an den Bildhauer und den Chemischen Ofen sowie im Osten an den Eridanus und den Stier. Das äquatornahe Sternbild ist nördlich von 65 Grad und südlich von −80 Grad geografischer Breite nicht mehr vollständig sichtbar.
Mit einer Fläche von 1231 Quadratgrad steht es in der nach Größe sortierten Liste der Sternbilder auf Platz 4.

★ hellster Stern: β Cet – Diphda ($2,0^m$, 96 LJ entfernt)
★ bekannter Veränderlicher: o Cet – Mira ($3,4^m$-$9,2^m$, Periode 332 Tage)

Besonderheit: o Cet (Mira) ist der Prototyp einer Klasse von veränderlichen Sternen, der sogenannten langperiodisch Veränderlichen; bei ihnen handelt es sich um pulsierende Sterne in einem späten Entwicklungsstadium.

Das Sternbild **WASSERMANN** (lateinisch Aquarius, Abk. Aqr) kulminiert im August/September gegen 24 Uhr.
Es grenzt im Norden an die Fische, den Pegasus, das Füllen und den Delphin, im Westen an den Adler und den Steinbock, im Süden an den Steinbock, den Südlichen Fisch und den Bildhauer sowie im Osten an den Walfisch. Das äquatornahe Sternbild ist nördlich von 65 Grad und südlich von −87 Grad geografischer Breite nicht vollständig sichtbar.
Mit einer Fläche von 980 Quadratgrad steht es in der nach Größe sortierten Liste der Sternbilder auf Platz 10.

★ hellster Stern: β Aqr – Sadalsuud ($2,9^m$, 612 LJ entfernt)
★ bekannter Doppelstern: ζ Aqr ($4,4^m$/$4,6^m$, Distanz 1,9 Bogensekunden)
★ hellster Nebel: M 2 – kugelförmiger Sternhaufen ($6,5^m$), auch bei starker Vergrößerung kaum auflösbar

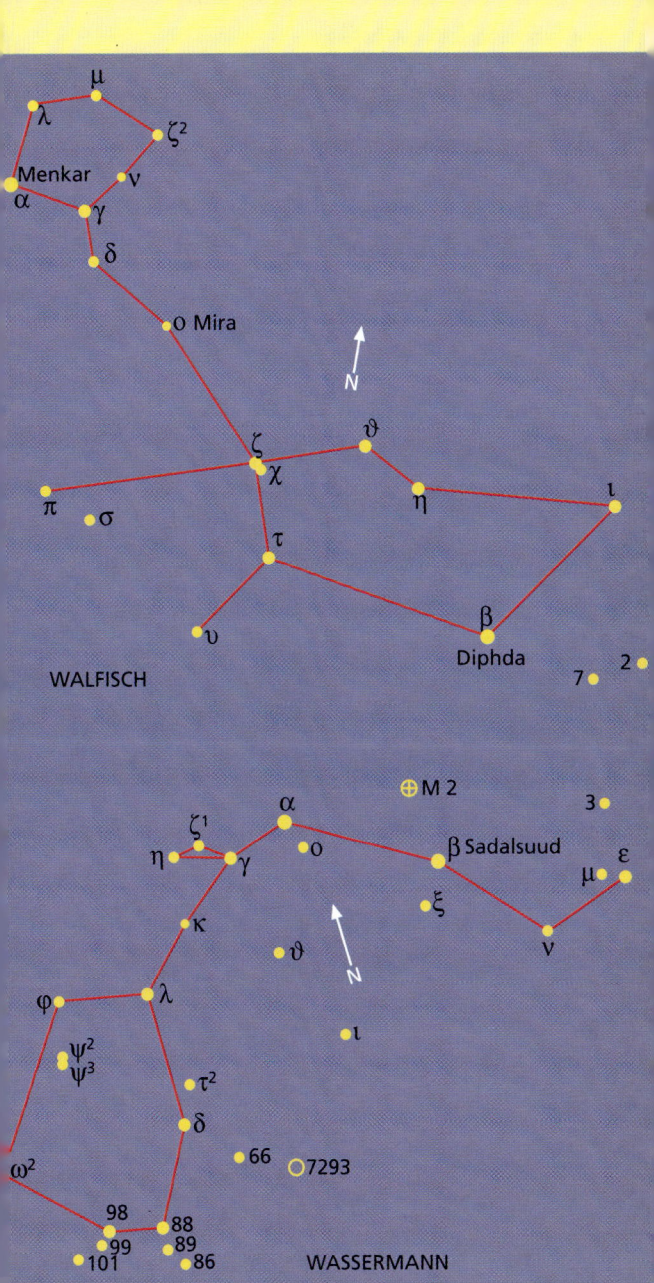

WASSERSCHLANGE

Das Sternbild **WASSERSCHLANGE** (lateinisch Hydra, Abk. Hya) kulminiert von Februar bis April gegen 24 Uhr. Es grenzt im Norden an die Waage, die Jungfrau, den Raben, den Becher, den Sextanten, den Löwen und den Krebs, im Westen an das Einhorn und das Hinterdeck, im Süden an den Kompaß, die Luftpumpe und den Zentaur sowie im Osten an die Waage. Das Sternbild ist nördlich von 54 Grad und südlich von –83 Grad geografischer Breite nicht vollständig sichtbar.

Mit einer Fläche von 1303 Quadratgrad steht es in der nach Größe sortierten Liste der Sternbilder auf Platz 1.

★ hellster Stern: α Hya – Alphard ($2,0^m$, 177 LJ entfernt)
★ bekannter Doppelstern: 27 Hya ($3,4^m/6,9^m$, Distanz 211 Bogensekunden)
★ hellster Nebel: M 48 – offener Sternhaufen mit etwa 50 Sternen der 9. bis 13. Größenklasse

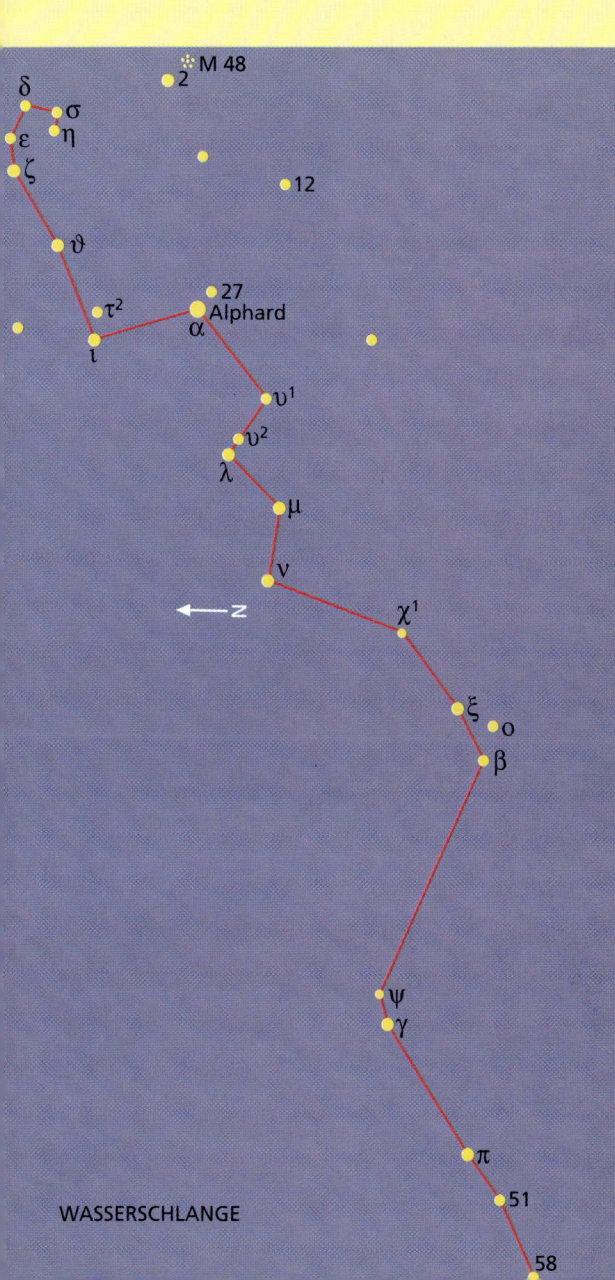

WIDDER · ZWILLINGE

Das Sternbild **WIDDER** (lateinisch Aries, Abk. Ari) kulminiert im Oktober/November gegen 24 Uhr.
Es grenzt im Norden an den Perseus und das Dreieck, im Westen an die Fische, im Süden an den Walfisch sowie im Osten an den Stier. Das Sternbild ist nördlich von 80 Grad geografischer Breite zirkumpolar, jenseits von −60 Grad dagegen nicht mehr vollständig sichtbar.
Mit einer Fläche von 441 Quadratgrad steht es in der nach Größe sortierten Liste der Sternbilder auf Platz 39.

★ hellster Stern: α Ari – Hamal ($2{,}0^m$, 66 LJ entfernt)
★ bekannter Doppelstern: γ Ari ($4{,}6^m/4{,}6^m$, Distanz 1 Bogensekunde)

Das Sternbild **ZWILLINGE** (lateinisch Gemini, Abk. Gem) kulminiert im Januar gegen 24 Uhr.
Es grenzt im Norden an den Luchs und den Fuhrmann, im Westen an den Stier und den Orion, im Süden an das Einhorn und den Kleinen Hund sowie im Osten an den Krebs. Das Sternbild ist nördlich von 80 Grad geografischer Breite zirkumpolar, jenseits von −55 Grad dagegen nicht mehr vollständig sichtbar.
Mit einer Fläche von 514 Quadratgrad steht es in der nach Größe sortierten Liste der Sternbilder auf Platz 30.

★ hellster Stern: β Gem – Pollux ($1{,}2^m$, 34 LJ entfernt)
★ bekannter Doppelstern: α Gem – Kastor ($1{,}9^m/3{,}0^m$, Distanz 3,1 Bogensekunden)
★ hellster Nebel: M 35 – offener Sternhaufen mit etwa 120 Sternen ab 8. Größe

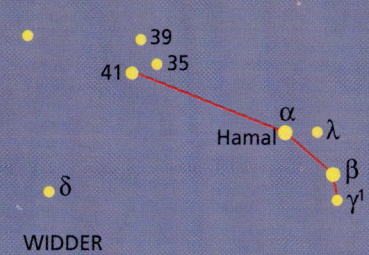

WIDDER

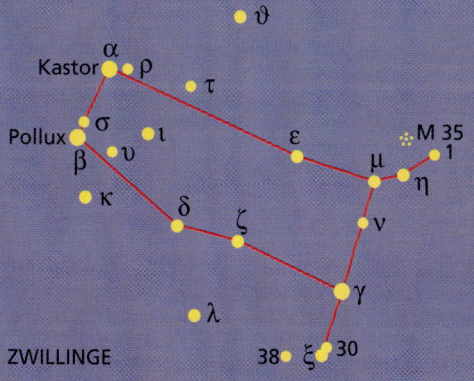

ZWILLINGE

GLOSSAR

Doppelsterne sind zumeist eng benachbart erscheinende Sternpaare, die entweder nur in der gleichen Blickrichtung stehen, jedoch unterschiedlich weit von uns entfernt sind (optische Doppelsterne), oder aber auch räumlich zusammengehören und sich gegenseitig umlaufen (physische Doppelsterne). Ihr Abstand untereinander wird in Bogensekunden angegeben: 1 Bogensekunde = 1/3600 Grad (der Mond erscheint am Himmel als Objekt mit einem Winkeldurchmesser von etwa 1800 Bogensekunden). Mit bloßem Auge kann man Doppelsterne „trennen", deren Partner mehr als 120 Bogensekunden entfernt sind. Wenn die beiden Sterne sehr verschieden hell sind, muß der gegenseitige Abstand größer sein.

Offene Sternhaufen sind mehr oder minder dichte Gruppierungen von bis zu einigen hundert Sternen, die räumlich zwar zusammengehören, untereinander aber weniger stark verbunden sind als Doppel- oder Mehrfachsterne. Die Mitglieder eines Sternhaufens sind in der Regel etwa zeitgleich entstanden. Mit bloßem Auge sind nur wenige Sternhaufen deutlich zu erkennen (zum Beispiel Plejaden und Hyaden), andere erscheinen als verschwommene, nebelhafte Sterne (h und chi im Perseus, M 44 im Krebs). Im Fernglas sieht man zumeist nur einige Einzelsterne vor einem verschwommen erscheinenden Nebelhintergrund, während ein Fernrohr etliche Sternhaufen in Einzelsterne auflöst.

Kugelförmige Sternhaufen sind wesentlich kompaktere Ansammlungen von vielen zehntausend bis zu einigen hunderttausend Sternen. Im Fernglas sind sie lediglich als verwaschene Nebelflecken zu erkennen, während ein Fernrohr bei starker Vergrößerung zumindest in den Randpartien einzelne Sterne vor nebligem Hintergrund zeigt.

Galaxien sind ferne Milchstraßensysteme aus vielen Milliarden Sternen. Mit bloßem Auge ist auf der Nordhalbkugel der Erde lediglich der Andromeda-Nebel als nächste große Nachbargalaxie zu erkennen, mit einem Fernglas kann man einige weitere Objekte als Nebelflecken sehen. Selbst größere Amateurfernrohre oder Teleskope einer Volkssternwarte können bei Galaxien keine Einzelsterne zeigen.